Reinhard Michl

MEIN BAYRISCHES KOCHBUCH

Originalausgabe

1. Auflage 2012

Umschlagbild: Reinhard Michl
Gesetzt aus der Myriad & Aerle
Layout und Satz: Stephan Schöll & Ilona Stallbaumer
Reproduktion: w-medien Druckerei Wiesendanger, Murnau
Druck und Bindung: TBB, a. s., Banská Bystrica
Printed in the Slovak Republic
ISBN 978-3-8369-2686-7

www.gerstenberg.de

Reinhard Michl

MEIN BAYRISCHES KOCHBUCH

Rezepte, Bilder und Geschichten

GERSTENBERG

Alle guten Dinge haben etwas Lässiges
und liegen wie Kühe
auf der Wiese.
Friedrich Nietzsche

Rezepte

Suppen

Voressen & Brotzeit

Beilagen & Salate

Hauptgerichte mit Fisch

Hauptgerichte mit Fleisch

Hauptgerichte mit Wild

Süsses

Geschichten

Die Küchen meiner Kindheit

Ich erinnere mich gern an die Küchen meiner Kindheit. Bei meinen Eltern, bei meinen Omas, in jedem Haus, das ich kannte, war die Küche der interessanteste Raum der Wohnung. Dort spielte sich das Leben ab. Wohl auch, weil in der kalten Jahreszeit die Küche der einzige geheizte Raum war. In dem Dorf, in dem wir damals lebten, waren Zentralheizungen völlig unvorstellbar. In den meisten Bauernhäusern war der Küchenherd gemauert und gekachelt. Gab es keinen gemauerten Herd, bildete ein weißer, emaillierter Ofen, der „Wamsler" das Zentrum der Küche. Wenn wir Kinder im Winter durchnässt und mit steif gefrorenen Fäustlingen vom Schlittenfahren oder Schneemannbauen heimkamen, prasselte ein gemütliches Feuer

Küche in den fünfziger Jahren

Der Wamsler

im Küchenofen und wir hängten unsere nassen Sachen über die Metallstange, die um die Herdplatte herum lief. Oder die Mutter hängte sie auf die Drahtspinne, die ans Ofenrohr über dem Herd geschraubt war. Über den Töpfen baumelten dann nasse Socken und Hosen zum Trocknen. Das war im Winter üblich.

Geheizt wurde mit Reisig, Butzküah (Fichtenzapfen), Holz und Briketts. Genau in dieser Reihenfolge. Ich mochte das Knacken und Knistern und manchmal auch Fauchen, Zischen und Wimmern, das unser Küchenofen bei seiner Arbeit von sich gab. Oft dachte ich dabei an die Hexen in den Märchen, die am Schluss immer verbrannt werden. Ich war ja in Sicherheit, lag auf unserer alten Eckbank und lauschte mit wohligem Schauer dem Inferno in unserem „Wamsler".

Eine meiner Omas hatte einen großen, gemauerten Herd in ihrer bäuerlichen Küche. Es gab einen Herrgottswinkel und einen Weihwasserkessel neben der Tür. Im Frühjahr, wenn es allmählich auf Ostern zuging, hatte sie immer eine große Persilschachtel im Ofenloch. Das Ofenloch war bei dieser Art Herd eine breite Öffnung ohne Tür oder Klappe unterhalb des Backrohrs. Es diente lediglich zum Aufbewahren eines kleinen Vorrats an Brennmaterial, meistens Reisig, zum Anfeuern. Aber im Frühjahr stand eine Persilschachtel darin, und aus ihr drang ein vielstimmiges Piepsen und Zirpen, als wäre diese alte, braune Pappschachtel auf wundersame Weise lebendig geworden. Ein gutes Dutzend frisch geschlüpfter „Bieberl" oder „Singerl", wie meine Oma sagte, zwitscherte ganz aufgeregt, sobald ich die Schachtel aus dem Ofenloch zog. Manchmal war sogar die Bruthenne dabei, die sich sogleich gackernd und plusternd über das flaumige Gewimmel breitete.

Die Schachtel unterm Backrohr diente der ganzen Bande als Nest, damit die „Singerl" wohlbehütet und warm durch ihre ersten Lebenstage kämen, weil draußen oft noch nasskaltes Aprilwetter herrschte. Während dieser Zeit wurden sie mit gehackten Brennnesseln gepäppelt, in die meine Oma hart gekochte Eier bröselte. Das war noch Hühnerhaltung! Davon kann man heut nur träumen. Ich war jedenfalls begeistert, denn bei meinen Eltern durfte ich nicht einmal einen Wellensittich haben. Gut, mit meinen drei Geschwistern war's ohnehin lebendig genug daheim. Nach meinem Geschmack oft sogar zu lebendig …

Für die Bieberl zog ich sehr gern los, um Büschel frischer Brennnesseln zu sammeln. Die Oma gab mir für diese Arbeit einen großen Sack und einen dicken Handschuh. Brachte ich den Sack prall gefüllt mit frischen Brennnesseln zurück, gab sie mir immer ein „Fufzgerl" (50 Pfennig) als Lohn, denn eine gute Hühnerhaltung war der Oma schon was wert.

Das ist aber auch schon das Interessanteste, was ich von der Küchenkultur meiner einen Oma zu berichten weiß. Ansonsten war sie eine arbeitsame, eher spartanische Bäuerin und hielt nicht viel von „aufwendiger Kocherei", wie sie „bei den Michlschen schon gern a mal betrieben wurde". Einmal weigerte ich mich, einen Grießbrei bei ihr zu essen, weil sie ihn in denselben Teller gab, aus dem ich gerade vorher eine Kartoffelsuppe gelöffelt hatte, ohne ihn zwischendurch zu spülen. Am Tellerrand klebten noch Reste der Suppe: „Im Magen kommt eh all's z'samm", erwiderte sie auf meinen Protest. Das war wohl auch ihr Credo, wenn es um den Aufwand ging, den manche Leute bei der Essenszubereitung trieben. Da war sie gnadenlos. Aber ich hatte ja noch eine andere Oma. Bei ihr, und auch bei meiner Mutter, musste es bei der Kocherei ab und zu durchaus aufwendig zugehen. Das war man sich schuldig. Und so entdeckte ich schon früh die Freuden des Gaumens beim Essen. Obwohl es bei uns in der Alltagsküche eher einfach zuging, es durfte vor allem nicht viel kosten. Aber schmecken durfte es, damit es nicht nur darum ging, den Magen zu füllen. Ein Radieserlbrot mit Butter und etwas Salz zum Beispiel, in der Abendsonne auf der Treppe vor dem Haus genossen, war etwas Herrliches.

Hier muss ich einfügen, dass meine Eltern nicht aus Bayern stammten. Nach dem Krieg hatte es sie von Böhmen bzw. Mähren nach Niederbayern verschlagen, wo ich auch geboren wurde. Mein Vater kam aus Eger und ist noch in der k. u. k. Monarchie geboren, worauf er gerne hinwies. Die k. u. k. Küche ist ja bekanntlich die Mehlspeis-Küche schlechthin. Mehlspeisen dominierten daher den Speiseplan meiner Kindheit. Fleisch und Wurst waren zu teuer und kamen höchst selten auf den Tisch. Aber man kann ja aus Mehl und Eiern oder aus alten Semmeln und Brot köstliche Sachen machen. Ist halt etwas mehr Arbeit als ein Stück Fleisch in die Pfanne zu legen. Doch Fleisch mochte ich

Die Michl-Oma

als Kind ohnehin nicht so gern, da war mir der Semmelschmarrn meiner Mutter lieber. Nur am Samstag nach dem Baden gab es für jedes Kind ein großes Stück Lyonerwurst oder noch besser: Leberkäs vom Hauserer Metzger. Der machte den besten Leberkäs weit und breit, mit einer wunderbaren Kruste!

Bei meiner „anderen Oma", also der Michl-Oma, machte ich früh die Erfahrung, dass Kochen mit Lust und Spaß, und Essen mit Genuss verbunden sind. Als Bub war ich gern bei ihr, denn ich hatte immer ihre volle Aufmerksamkeit, wahrscheinlich verwöhnte sie mich auch ein wenig. Sie wusste viel zu erzählen und war eine gute Vorleserin, und somit sehr inspirierend für meine Zeichenlust, die damals schon ausbrach. Und ich war gern dabei, wenn sie sich anschickte, das Essen zu kochen oder den Teig für einen Kuchen zu kneten. Ich erinnere mich deutlich, dass ich dann meinen „Zeichentisch" – bei ihr hatte ich immer einen Zeichentisch, nämlich einen klobigen, schweren Holzstuhl – an den Herd gerückt bekam, der sich sofort in die perfekte Arbeitsplatte eines Kochs oder Bäckers verwandelte. Meistens gab sie mir einen Klumpen Teig, den ich mit Begeisterung knetete und formte. Nicht nur Brezen, auch richtige Figuren, Hasen oder Nikoläuse, Kühe oder Schweine ließen sich daraus bilden. Augen, Mund, Ohren usw. wurden mit Mohn oder Rosinen darauf gezeichnet. Wenn meine Oma ihren Kuchen oder eine andere Mehlspeise für den Ofen fertig hatte, legte ich meine Figuren mit auf das Backblech. Es machte nichts aus, dass mein Teig meistens grauer als der meiner Oma war (es hatte sich wohl ein bisserl rußiger Ofenstaub darunter gemischt), nach dem Backen merkte man davon nichts mehr.

Außerdem gefielen mir meine selbst gemachten Objekte so sehr, dass ich so lange mit ihnen spielte, bis sie zum Essen längst zu hart waren.

Mein Zeichenpult

Es gab bei der Oma ja noch so viele andere Köstlichkeiten. Manche entstanden scheinbar ganz nebenbei, während sie erzählte, auf der blanken Herdplatte: Ihre unnachahmlichen „bachnen Kniadla" beispielsweise. Alles echte böhmische oder zumindest österreichisch-ungarische Schmankerl, wie ich damals glaubte. Jahre später entdeckte ich viele von „Omas Spezialitäten" ganz ähnlich zubereitet, in der bayrischen Küche wieder. Nur hießen die „Karminaden" jetzt Fleischpflanzerl und ihre „bachne Kniadla" (gebackenen Knödel) waren nix anders als die bayrischen Reiberdatschi.

Zwei Beispiele, die zeigen, wie schwer es letzten Endes ist, „Küche" einzugrenzen. Auch als ich mich an die Arbeit zu diesem Buch machte, stieß ich ständig auf dieses Phänomen, nämlich, dass sich gute Rezepte ausbreiten wie Bratenduft, wie Musik, ungeachtet irgendwelcher Sprach- oder Staatsgrenzen.

Seit 20 Jahren ist der Einfluss der italienischen Küche in der bayrischen unübersehbar. Spaghetti Bolognese oder Lasagne sind in meiner Küche heute so selbstverständlich geworden wie Schnitzel mit Kartoffelsalat. Der französische Einfluss auf die bayrische Küche hat von jeher Tradition. Viele Ragouts und Frikassees stammen ursprünglich aus Frankreich, am berühmtesten ist vielleicht das bayrische „Böfflamott", von „Boeuf á la mode". Aber hier greife ich weit voraus, denn ich rede von Erfahrungen und Entdeckungen die ich erst im Laufe der Jahre machte. In meiner Kindheit begann allmählich eine Zeit, wo ich mich der Küche immer mehr entfremdete. Umherstreunen in den Altmühlauen war jetzt viel interessanter. Die Besuche bei der Oma wurden seltener.

Meine Mutter, wie die meisten Frauen ihrer Generation, war der Ansicht, Buben hätten in der Küche nichts verloren. Dort sollten jetzt meine jüngeren Schwestern eingewöhnt werden. Mittlerweile wohnten wir in einem Neubau, hatten ein Esszimmer und die Küche war zu einer Kochnische geschrumpft.

Wir Buben „köchelten" damals lieber an unserem „Lagerfeuer". Natürlich liebten wir es, ein Feuer zu machen, wann immer sich die Gelegenheit bot. Und es war gewissermaßen auch ein Ritual geworden, etwas am Feuer zu kochen und gemeinsam zu verzehren. Meistens war es nur eine einfache Gemüsesuppe, die in einem alten rußigen Topf über dem Feuer brodelte. Im Herbst hatten wir immer große Kartoffelfeuer, wobei wir Mengen des vertrockneten Kartoffelkrauts, das überall auf den Feldern herumlag, verbrannten. Der Geruch von brennendem Kartoffelkraut steckte tagelang in unseren Kleidern und gehört zu meiner Kindheit wie die kurze Lederhos'n.

Wenn wir auf den Feldern keine Kartoffeln mehr fanden, ließen wir bei einem Bauern ein paar „mitgehen". Die Kartoffeln wurden direkt in die Glut geworfen und gebacken, bis sie von einer dicken kohligen Schicht überzogen waren, erst dann waren sie gar. Nun wurde die schwarze Pelle vorsichtig abgenommen, sie war glutheiß, aber die Kartoffel darunter war zart und duftete herrlich. Noch etwas Salz darauf und eine köstliche Mahlzeit war bereitet. Für uns Buben war das damals „der Geschmack von Freiheit und Abenteuer".

Man soll dem Leib
etwas Gutes bieten,
damit die Seele Lust hat,
darin zu wohnen.

Winston Churchill

Suppen

Suppe von mhd. supfe soffa
„Schlürfen, trinken saufen" bezeichnet
eine gewöhnlich warme flüssige bis dünn
breiige Speise die in der Regel aus Wasser
Milch Gemüse, Fleisch Fisch Fett
Knochen Kochsalz Zucker
und hergestellt wird
Oft werden Vorspeise
Es wird im allgemeinen zwischen
klaren und gebundenen Suppen unterschieden

Hausgemachte Fleischbrühe

Ergibt ca. 2 l

2 Stangensellerie

½ rote oder gelbe Paprikaschote

2 Karotten

2 mittelgroße Zwiebeln

1 Kartoffel

2,5 kg Fleisch vom Rind oder Kalb mit Knochen (Zwerchrippe oder Nacken, der Knochenanteil sollte nicht mehr als 1 kg betragen)

Salz

Sellerie waschen, die Fäden abziehen und die Stangen grob zerkleinern. Paprikaschote ebenfalls waschen, von Kernen sowie Häuten befreien und grob würfeln. Karotten, Zwiebeln und Kartoffel schälen und grob hacken.

Fleisch und Knochen kurz kalt abspülen und zusammen mit dem Gemüse in einen großen Topf geben. Mit kaltem Wasser bedecken. Den Topfdeckel schräg aufsetzen und das Wasser zum Kochen bringen. Sobald es kocht, kräftig salzen und die Hitze reduzieren, sodass die Flüssigkeit nur noch schwach simmert.

Das Ganze halb zugedeckt 3 Std. simmern lassen. Dabei zwischendurch immer wieder den aufsteigenden Schaum abschöpfen.

Ein großes Sieb mit einem Gazetuch oder Küchenpapier auslegen und die Brühe dadurch in eine irdene Schüssel abseihen. Die Brühe offen auskühlen lassen.

Anschließend über Nacht oder mindestens 5 Std. in den Kühlschrank stellen, damit sich das Fett an der Oberfläche absetzen kann. Das hart gewordene Fett sorgfältig entfernen und die Brühe portionsweise einfrieren oder gleich verwenden.

Fleischbrühe
mit Markknödeln

Für 4 Personen

- 80 g ausgelöstes Rindermark
- 50 g Weißbrot vom Vortag, entrindet und gerieben
- 3 Eigelb
- Salz
- weißer Pfeffer aus der Mühle
- frisch geriebene Muskatnuss
- 1 EL fein gehackte Petersilie
- 1 TL Mehl
- 800 ml heiße Fleischbrühe (s. nebenstehendes Rezept)

Das Mark bei geringer Hitze in einer Kasserolle zerlassen, durch ein feines Sieb in eine Schüssel gießen und erkalten lassen. Die Weißbrotbrösel untermischen und die Eigelbe nacheinander einarbeiten. Mit Salz, Pfeffer und Muskat würzen. Petersilie sowie Mehl unterrühren.

Gut 1 l Wasser zum Kochen bringen. Aus der Masse mit angefeuchteten Händen kleine Knödel formen. Sofort in das kochende Wasser geben und dieses einmal kurz aufwallen lassen. Vom Herd nehmen und die Knödel etwa 5 Min. im heißen Wasser ziehen lassen. Mit einem Schaumlöffel herausnehmen, in die heiße Fleischbrühe legen und sofort servieren.

Senfsuppe

Für 4 Personen

- 350 g mehlig kochende Kartoffeln
- 2 kleine Zwiebeln
- 1 EL Butter
- 500 ml Gemüsebrühe
- 250 ml Milch
- 250 g Sahne
- Salz
- schwarzer Pfeffer aus der Mühle
- 1 Prise frisch geriebene Muskatnuss
- 4 EL mittelscharfer Senf
- 1 Spritzer Zitronensaft
- 2 EL frisch gehackte Gartenkresse

Kartoffeln schälen und würfeln. Zwiebeln ebenfalls schälen und fein hacken. Butter in einem Topf erhitzen und die Zwiebeln darin glasig dünsten. Kartoffeln zugeben und 2 Min. mitdünsten. Gemüsebrühe, Milch sowie Sahne zugießen, das Ganze aufkochen lassen und anschließend bei mittlerer Hitze zugedeckt 15 bis 20 Min. garen.

Die Suppe mit einem Schneidestab pürieren. Mit Salz, Pfeffer, Muskat, Senf und Zitronensaft würzen. Je nach Intensität des Senfs eventuell etwas mehr davon zufügen. Nochmals kurz erhitzen, aber nicht mehr kochen lassen. Auf 4 vorgewärmte Suppenschalen verteilen, jeweils mit Kresse bestreuen und servieren.

Hühnerbrühe

Ergibt ca. 3 l

- 2 Zwiebeln, geschält und halbiert
- 2 Lorbeerblätter
- 1 EL Salz
- 6 schwarze Pfefferkörner
- 1 küchenfertiges Suppenhuhn (ca. 1,5 kg)
- 1 großes Bund Suppengrün (Sellerie, Lauch, Karotten, glatte Petersilie)
- Zitronensaft
- Pfeffer aus der Mühle

In einem großen Topf 4 l Wasser aufkochen. Zwiebelhälften, Lorbeer, Salz und Pfefferkörner zufügen. Dann das Suppenhuhn einlegen und bei schwacher Hitze 1,5 Std. zugedeckt ziehen lassen.

Das Suppengrün waschen, putzen bzw. schälen, klein hacken und dazugeben. Die Brühe erneut 1 Std. ziehen lassen. Zwischendrin den Schaum abschöpfen. Das Huhn herausnehmen. Die Brühe durch ein feines Sieb abgießen. Das Fett an der Oberfläche abschöpfen oder mit Küchenpapier aufsaugen. Die Brühe vor der Weiterverwendung mit Zitronensaft, Salz und Pfeffer abschmecken.

Tipp: Das Suppenhuhn abkühlen lassen. Danach die Haut entfernen, das Fleisch von den Knochen lösen und zum Beispiel für einen Salat mit Zitronendressing verwenden.

Bayrische Brotsuppe

Für 4 Personen

- 125 g altbackenes kräftiges Roggenmischbrot
- 1 große Zwiebel
- 1 Bund Suppengrün
- 2 EL neutrales Öl
- 3 Knoblauchzehen
- 1 l Gemüsebrühe
- 3 EL Sahne
- Salz, Pfeffer aus der Mühle
- 1 Bund Schnittlauch, in Röllchen

Das Brot in dünne Scheiben schneiden. Die Zwiebel schälen und sehr fein würfeln. Das Suppengrün waschen, putzen bzw. schälen und klein hacken. Die Knoblauchzehen schälen und fein hacken.

Das Öl in einem Topf erhitzen und die Zwiebel darin glasig dünsten. Brot sowie Suppengrün dazugeben und das Ganze bei starker Hitze unter Rühren kurz rösten. Den Knoblauch untermengen.

Die Gemüsebrühe angießen und das Ganze zugedeckt bei schwacher Hitze 10 Min. köcheln lassen.

Die Sahne untermischen. Die Suppe nicht mehr kochen lassen.
Mit Salz und Pfeffer abschmecken. Auf 4 vorgewärmte Suppenschalen verteilen und jeweils reichlich mit Schnittlauch bestreuen.

Biersuppe
mit Croûtons

Für 4 Personen

- 60 g Butter
- 60 g Mehl
- 500 ml Fleischbrühe (s. Rezept S. 16)
- 500 ml helles Bier
- 3 Lorbeerblätter
- ½ Zimtstange
- Salz
- Pfeffer aus der Mühle
- 2 Eigelb
- 500 g Sahne
- 2 Scheiben Schwarzbrot
- 50 g Speck

Die Butter in einem großen Topf erhitzen. Das Mehl darin unter Rühren goldgelb anschwitzen. Mit Brühe und Bier aufgießen. Lorbeer, Zimt, Salz und Pfeffer dazugeben. Die Suppe etwa 30 Min. köcheln lassen. Anschließend durch ein Sieb abseihen. Die Eigelbe mit der Sahne verquirlen und unterziehen. Die Suppe nochmals kurz erhitzen, aber keinesfalls kochen lassen. Eventuell mit Salz und Pfeffer nachwürzen.

Während die Suppe kocht, die Croûtons zubereiten. Das Schwarzbrot entrinden und fein würfeln. Den Speck in einer Pfanne auslassen, herausnehmen und die Brotwürfel in dem Fett goldbraun rösten. Auf Küchenpapier abtropfen lassen. Über die fertige Suppe streuen.

Grießnockerlsuppe

Für 4 Personen

- 100 g weiche Butter
- Salz
- Pfeffer aus der Mühle
- 1 Prise frisch geriebene Muskatnuss
- 3 Eier
- 200 g Grieß
- 1 Prise Backpulver
- 800 ml Fleischbrühe (s. Rezept S. 16)
- 2 EL frisch gehackte Petersilie

Butter, Salz, Pfeffer und Muskat schaumig rühren. Die Eier untermischen, dann den Grieß und das Backpulver gründlich unterrühren. Die Masse 10 Min. ruhen lassen, damit der Grieß leicht aufquillt.

Die Brühe zum Sieden bringen. Von der Masse mit einem angefeuchteten Teelöffel kleine Nocken abstechen. In die Brühe gleiten lassen. Die Nockerl zugedeckt in etwa 15 Min. gar ziehen lassen, sie sollten innen sehr weich sein. Nockerl und Brühe auf 4 Suppenschalen verteilen und jeweils mit etwas gehackter Petersilie bestreuen.

Brennnesselsuppe
mit geräucherter Forelle

Für 4 Personen

1 Handvoll junge Brennnesselblätter
Salz
2 Schalotten
30 g Butter
25 g Mehl
600 ml Gemüsefond
100 ml Weißwein
100 g Sahne
Pfeffer aus der Mühle
2 geräucherte Forellenfilets

Die Brennnesselblätter in kochendem Salzwasser blanchieren. In ein Sieb abgießen, mit kaltem Wasser abschrecken und gut abtropfen lassen. Die Blätter im Mixer fein pürieren und beiseite stellen.

Die Schalotten schälen, in feine Würfel schneiden und in der Butter glasig dünsten. Das Mehl zugeben und glattrühren. Gemüsefond und Weißwein angießen. Das Ganze unter häufigem Rühren schnell aufkochen lassen und dann bei geringster Hitze 20 Min. sanft köcheln lassen. Immer wieder umrühren, damit die Suppe nicht ansetzt.

Zum Schluss das Brennnesselpüree und die Sahne zufügen. Die Suppe nur mehr sieden, nicht kochen lassen. Mit Salz und Pfeffer abschmecken.

Auf 4 vorgewärmte Suppenschalen verteilen. Die Forellenfilets in mundgerechte Stücke schneiden und auf jede Portion ein paar Stücke legen.

Gerstelsuppe

Für 4 bis 6 Personen

600 g Rindfleisch (Hohe Rippe)

Salz

250 g Perlgraupen

1,2 kg halbfest kochende Kartoffeln

1 kleine Stange Lauch

1 große Zwiebel

80 g Butter

schwarzer Pfeffer aus der Mühle

Das Fleisch kurz kalt abspülen und in einen großen Topf geben. 2 l kaltes Wasser zufügen. Aufkochen lassen, 1 Teelöffel Salz zufügen und die Hitze reduzieren. Das Fleisch halb zugedeckt etwa 2 Std. simmern lassen. Zwischendurch immer wieder den aufsteigenden Schaum abschöpfen.

Die Graupen in einem Topf mit kaltem Wasser bedecken und aufkochen lassen. In ein Sieb abgießen, kalt abbrausen und nochmals mit reichlich kaltem Wasser aufsetzen. Leicht salzen und etwa 20 Min. köcheln lassen.

Inzwischen die Kartoffeln schälen und in kleine Würfel schneiden. Die Würfel in einem weiteren Topf in leicht gesalzenem Wasser weich garen.

Den Lauch putzen, halbieren, waschen und in dünne Ringe schneiden. Kurz vor Ende der Garzeit zum Fleisch geben und einige Min. mitkochen lassen. Die Zwiebel schälen, fein hacken und in der Butter goldgelb braten. Beiseite stellen.

Das Fleisch aus der Brühe nehmen, vom Knochen lösen, von Fett befreien und in Würfel schneiden. Wieder in die Brühe geben. Graupen, Kartoffeln mitsamt Kochwasser und Zwiebel mitsamt Butter zufügen. Die Suppe nochmals erhitzen, gute 5 Min. simmern lassen und dann mit Salz und Pfeffer abschmecken.

Küchenlatein: Die Graupen müssen zweimal aufgesetzt und einmal kalt gespült werden, sonst enthalten sie zu viel Stärke. Bevor die Suppe zu dick wird, am Schluss lieber etwas weniger Graupen zugeben.

Leberknödelsuppe

Für 4 Personen

- 400 g Rinderleber
- 2 altbackene Semmeln
- 125 ml lauwarme Milch
- 2 kleine Zwiebeln
- 2 Eier
- 1 EL fein gehackte Petersilie
- 1 Prise getrockneter Majoran
- ½ TL abgeriebene Schale von 1 unbehandelten Zitrone
- Salz
- schwarzer Pfeffer aus der Mühle
- 1 EL Semmelbrösel
- 800 ml Fleischbrühe (s. Rezept S. 16)
- 2 EL Schnittlauchröllchen

Die Rinderleber durch die feine Scheibe eines Fleischwolfs drehen kann man auch vom Metzger machen lassen). Die Semmeln in kaltem Wasser einweichen. Gut ausdrücken, in eine Schüssel geben und mit der lauwarmen Milch übergießen. Die Zwiebeln schälen und sehr fein hacken. Zu den Semmeln geben. Die Eier darüber schlagen. Leber, Petersilie, Majoran, Zitronenschale, 1 Teelöffel Salz, 1 Prise Pfeffer und die Semmelbrösel zufügen.

Das Ganze mit beiden Händen gründlich vermengen. Aus der Masse mit angefeuchteten Händen 12 Knödel formen. Reichlich Salzwasser zum Sieden bringen. Die Knödel darin etwa 20 Min. ziehen lassen. Die Fleischbrühe erhitzen. Die Knödel mit einem Schaumlöffel herausnehmen, jeweils 3 Stück in einen Suppenteller geben und mit heißer Brühe übergießen. Jede Portion mit Schnittlauchröllchen bestreuen. Sofort servieren.

Da Semmelknödl und da Leberknödl, ja die hamm si amal net vertragn – da hat da Semmelknödl an Leberknödl von da Schüssel rausg'schlagn!

Kohlrabisuppe
mit Zuckerschoten-Pesto

Für 6 Personen

Für die Kohlrabisuppe:

2 mittelgroße Zwiebeln

400 g junger Kohlrabi (möglichst kleine Knollen)

2 EL Butter

Salz

1 Prise Zucker

100 ml Wermut (z.B. Noilly Prat)

500 ml Milch

200 ml Rinderbrühe

200 g Sahne

Für das Zuckerschoten-Pesto:

100 g Zuckerschoten

5 EL Olivenöl

schwarzer Pfeffer aus der Mühle

Olivenöl zum Beträufeln

Die Zwiebeln schälen und in feine Streifen schneiden. Kohlrabi putzen, schälen und in dünne Scheiben schneiden. Butter in einem Topf erhitzen und die Zwiebeln darin bei mittlerer Hitze in 2 bis 3 Min. glasig dünsten. Kohlrabi zugeben und ebenfalls 2 bis 3 Min. dünsten. Mit Salz und Zucker würzen.

Mit Wermut ablöschen und den Alkohol fast vollständig einkochen lassen. Milch sowie 200 ml Brühe angießen und das Ganze zugedeckt 20 bis 25 Min. köcheln lassen. Anschließend die Sahne unterrühren und die Suppe einmal aufkochen lassen. Fein pürieren und durch ein Sieb in einen zweiten Topf gießen. Die Suppe mit Salz abschmecken.

Die Zuckerschoten etwa 2 Min. in kochendem Salzwasser garen. Abgießen, kalt abschrecken und gut abtropfen lassen. Die Zuckerschoten quer in feine Streifen schneiden. Die Hälfte davon gemeinsam mit dem Olivenöl fein pürieren. Mit Salz und Pfeffer würzen.
Die Kohlrabisuppe erwärmen und mit einem Pürierstab aufschäumen. Das Pesto und die restlichen Zuckerschoten auf 6 Suppenschalen verteilen. Jeweils mit Suppe übergießen und mit etwas Olivenöl beträufeln. Sofort servieren.

Winterwurzelsuppe
mit Thymian-Maronen

Für 6 Personen

Für die Suppe:

400 g Knollensellerie

200 g Petersilienwurzel

200 g Topinambur

100 g Kartoffeln

1 frisches Lorbeerblatt

2 Schalotten

2 EL Butter

1 l heißer Geflügelfond oder heiße Hühnerbrühe (s. Rezept S. 18)

250 g Sahne

Salz

Piment d'Espelette (französisches Chilipulver, ersatzweise Cayennepfeffer)

1–2 EL Zitronensaft

Für die Maronen:

100 g gegarte, geschälte Maronen (vakuumiert erhältlich)

2 EL Puderzucker

100 ml Gemüsefond

18 Stiele frischer Thymian

1 EL Butter

Sellerie, Petersilienwurzel, Topinambur und Kartoffeln schälen und in 1 cm große Stücke schneiden. Das Lorbeerblatt mehrfach einschneiden. Die Schalotten schälen und fein würfeln.

Die Butter in einem großen Topf erhitzen und die Schalotten darin glasig dünsten. Gemüsestücke dazugeben und 3 Min. unter Rühren anschwitzen. Fond oder Hühnerbrühe und Lorbeer zufügen. Das Ganze zugedeckt aufkochen lassen und anschließend bei geringer Hitze 25 bis 30 Min. köcheln lassen, bis das Gemüse weich ist.

100 g Sahne steif schlagen und kühl stellen. Das Lorbeerblatt entfernen. Restliche Sahne unter die Suppe rühren und diese fein pürieren. Dann durch ein feines Sieb streichen. Mit Salz, einer Prise Piment d'Espelette und Zitronensaft abschmecken.

Die Maronen sechsteln. Puderzucker in einer Pfanne karamellisieren. Fond zugießen und bei milder Hitze kochen, bis sich der Karamell gelöst hat. Thymianblättchen abzupfen und gemeinsam mit den Maronen unterrühren. Kochen lassen, bis die Flüssigkeit fast verdampft ist. Zum Schluss die Butter untermischen.

Kurz vor dem Servieren die Suppe nochmals aufkochen. Die geschlagene Sahne unterziehen und die Suppe schaumig pürieren. Sofort auf 6 vorgewärmte Suppenschalen verteilen, jeweils mit Maronen garnieren und servieren.

Variation: Nach dem gleichen Prinzip lässt sich auch eine reine Petersilienwurzelsuppe zubereiten. Einfach 800 g Petersilienwurzel verwenden und Sellerie sowie Topinambur weglassen.

Küchenlatein: Maronen sind zu Unrecht in Vergessenheit geraten und werden heute interessanterweise in der gehobenen Gastronomie wieder verwendet. Dabei waren die gesunden, eiweißreichen Früchte der Edelkastanie vom Mittelalter bis zum Ende des 19. Jahrhunderts in den Bergregionen Mittel- und Südeuropas Hauptnahrungsmittel der Landbevölkerung.

Bayrische Kartoffelsuppe
mit Wammerl

Für 6 Personen

- 600 g mehlig kochende Kartoffeln
- 100 g Petersilienwurzel
- 1 mittelgroße Karotte
- 50 g Sellerie
- 100 g Lauch
- 150–200 g Wammerl (geräucherter Bauchspeck)
- 1 Zwiebel
- 1 EL Butterschmalz
- 750 ml Rinderbrühe (s. Rezept S. 18)
- 1 Prise getrockneter Majoran
- schwarzer Pfeffer aus der Mühle
- 1 Scheibe Weißbrot vom Vortag
- 1 EL Butter
- 1 EL frisch gehackte Petersilie
- 1 EL Schnittlauchröllchen

Kartoffeln, Petersilienwurzel und Karotte schälen und würfeln. Sellerie ebenfalls schälen und ganz belassen. Lauch putzen, waschen und in Ringe schneiden. Wammerl von der Schwarte befreien und in Streifen schneiden. Die Schwarte aufheben. Die Zwiebel schälen und fein hacken.

Die Schwarte in einem großen Topf auslassen. Butterschmalz, Wammerlstreifen und Zwiebel zufügen. Unter Rühren anschwitzen, die Zwiebel sollte keine Farbe nehmen. Das Gemüse zugeben und unter Rühren kurz andünsten. Die Rinderbrühe angießen, Majoran zufügen und das Ganze etwa 20 Min. zugedeckt köcheln lassen.

Die Schwarte und die Wammerlstreifen herausnehmen. Die Suppe pürieren und die Wammerlstreifen wieder hineingeben. Mit Pfeffer abschmecken. Nicht salzen - das Wammerl bringt genug Salz mit.

Die Weißbrotscheibe entrinden und würfeln. Die Würfel in der Butter goldbraun und knusprig braten. Die Suppe auf 6 vorgewärmte Suppenteller verteilen. Mit Weißbrotwürfeln, Petersilie und Schnittlauch bestreuen.

Menu

Kalbsbries & Kalbszüngerl
in Schnittlauch-Vinaigrette

•

Kartoffelsuppe

•

Bayrischer Schweinsbraten mit Krautsalat

•

Rohrnudeln mit Rotweinfrüchten & Vanillesauce

•

Weine: »Loius Jadot«, Chardonnay 2010, Bourgogne
Beaune, Frankreich

•

Zum Schweinsbraten gibt es helles oder dunkles Bier

Voressen & Brotzeit

frisches
BIER
Leni
Vroni

Gerhard Polt

Gemütlichkeit

Gemütlichkeit, das ist die Relation Zeit, Bier und Geld. Zeit, wenn man bedenkt, wie es früher zeitaufwendig war, zeitintensiv, direkt zeitfressend, bis eine Gemütlichkeit in unserem Sinne überhaupt erst hergestellt werden konnte. Früher, da mußte man oft ganze Nachmittage, Abende, ja oft über Mitternacht hinaus in Wirtshäusern verbringen, bis sich eine Gemütlichkeit in unserem Sinne langsam, zäh, sirupartig zu ihrem Zenit hin entwickeln konnte. Heutzutage geht das Gott sei Dank viel schneller, eine Gemütlichkeit herzustellen, weil wir verfügen über die Ad-hoc-Gemütlichkeit oder, wie sie auch jetzt genannt wird, über die Instant-Grübigkeit. Und vom Geld her, es ist noch nicht lang her, da konnte man in einem Wirtshaus ein Bier, sagen wir, für eine Mark fünfzig erhalten. Heute allerdings, in einem original Altmünchner Bistro, zahlt man approximativ vier Euro für ein Bier, also, man sieht, heute ist es circa fünfmal so gemütlich wie früher. Warum das so zeitfressend war früher, so zeitaufwendig? Ich glaube, man beherrschte das früher noch gar nicht. Ein Bier einfach so bestellen, zahlen, trinken und dann gehen. Ich vermute, der Zeitverlust entstand früher beim Trinken selbst. Der Trinkvorgang früher, die Prozedur des Trinkens als solches, war ein mehr retardierter Prozeß. Ich versuche ein Beispiel: Früher, allerdings sehr früher, man befand sich unter einem herrlichen Kastanienbaum bei circa siebenundzwanzig, achtundzwanzig Grad Außentemperatur in einem wunderherrlichen Biergarten auf erdbebensicherem Gebiet. Man schnauft durch. Herrlich! Man war in Sicherheit. Diese Ruhe, diese Natur, man seufzt, leise fächelt der Wind durch die Kastanienblätter. Der Hypophysenlappen im Hinterkopf bewegt sich nur noch langsam, sporadisch, wie ein Segel in der Flaute. Eine äußerst angenehme Blutleere im Kopf macht sich breit und verschafft einem eine inwendige Tranquilität. Man blickt anhaltend in die Ferne, aber man erkennt nichts. Irgendwann dann, oder auch ein bißchen später, propellert gemächlichst ein Maikäfer vorüber. Summ, summ, summ, summ. Der Maikäfer grüßt, man grüßt zurück, weil man kennt ihn ja persönlich. Wohin des Wegs, Kamerad? Eijeijei. Wieder ins Pommernland? Ach, das ist ein Moment, da denkt man dann an etwas Schönes. An etwas Erhabenes im Leben, viellecht an die Schlacht von Verdun. Die Schlacht von Verdun aber macht Durst. Oha, ein Erkenntnisprozeß bahnt sich an. Bedächtig greift man zum Krug und führt denselbigen moderat, aber zielsicher zum Kopf. Niemals mit dem Kopf zum Krug – und plötzlich hält man inne. Es könnte jetzt vielleicht noch irgendein Gedanken daherkommen. Nein, das ist unwahrscheinlich. Das ist die Gemütlichkeit.

MUSIKANTENFREUNDLICHES
UNTERSTÜTZT VON SCHNEIDER WEISSE
WIRTSHAUS
BAYERISCHER LANDESVEREIN FÜR HEIMATPFLEGE E.V. · BAYERISCHE BEZIRKE · BAYERISCHER HOTEL- UND GASTSTÄTTENVERBAND E.V.

Musikanten spuits auf,
nacha sing ma oans drauf

Musikanten ziagts o',
dass neamt eischlafa ko'

Gesottenes Kronfleisch

Für 4 Personen

200 g Knollensellerie

200 g Lauch

200 g Karotten

1 kg Kronfleisch (Zwerchfellfleisch vom Jungrind)

1,5 l Fleischbrühe
(s. Rezept S. 16)

Salz

1 Zwiebel, gespickt mit
1 Nelke, 1 Wacholderbeere und 1 Lorbeerblatt

1 Bund frische Kräuter (Thymian, Rosmarin, Petersilie und Majoran, mit Küchengarn zusammengebunden)

4 EL Schnittlauchröllchen

frisch geriebener Meerrettich nach Geschmack

Das Gemüse putzen bzw. schälen und in feine Streifen scheiden. Das Kronfleisch in 4 gleich große, etwa 250 g schwere Stücke schneiden.

Die Fleischbrühe in einem großen Topf erhitzen. Leicht salzen und die gespickte Zwiebel zufügen. Das Fleisch in die siedende Brühe legen. Die Hitze konstant halten und die Fleischstücke je nach Dicke 6 bis 8 Min. pochieren. Herausheben und warm stellen.

Die Gemüsestreifen zusammen mit dem Kräuterbund für 10 Min. in die Brühe geben. Den Sud abschmecken, eventuell mit Salz nachwürzen.

Das Fleisch noch einmal im Sud erwärmen. Herausnehmen und quer zur Faser in ½ cm dicke Scheiben scheiden – es sollte innen noch rosa sein. In einer Terrine mit dem Sud übergießen. Mit den Schnittlauchröllchen bestreuen. Frisch geriebenen Meerrettich, Bauernbrot oder Dampfkartoffeln dazu reichen.

Küchenlatein: In der Münchner Küche wird Kronfleisch vormittags als Zwischenmahlzeit serviert. Traditionell gibt es dazu dunkles Brot, Essiggurken, Senf, grobes Salz und reichlich Schnittlauch.

Kalbsbries & Kalbszüngerl
in Schnittlauch-Vinaigrette

Für 4 Personen

Für das Fleisch:

1 frische Kalbszunge (ca. 500 g)

1 Zwiebel

1 Stange Staudensellerie

2 Lorbeerblätter

1 EL schwarze Pfefferkörner

Salz

375 g Kalbsbries

300 ml Fleischbrühe (s. Rezept S. 16)

100 ml Weißwein

Für die Vinaigrette:

1 vollreife Tomate

2 Schalotten

1 Bund Schnittlauch

1 EL Rotweinessig

2 TL Balsamico

schwarzer Pfeffer aus der Mühle

3 EL Olivenöl

Zum Garnieren:

2 Zweige Brunnenkresse

4 Radieschen

1–2 Beete Gartenkresse

Die Zunge kalt abbrausen. Die Zwiebel schälen. Sellerie putzen, waschen und in grobe Stücke schneiden. Zunge, Zwiebel, Sellerie, Lorbeer und Pfefferkörner in einen großen Topf geben. Mit kaltem Wasser bedecken. Dieses einmal aufkochen lassen und leicht salzen. Die Zunge halb zugedeckt etwa 1 Std. leise köcheln lassen.

Inzwischen das Bries wässern und enthäuten. Die Rinderbrühe einmal aufkochen lassen. Weißwein und Salz zufügen. Die Hitze reduzieren und das Bries in der nur mehr siedenden Brühe in etwa 10 Min. gar ziehen lassen. Dann herausnehmen und abkühlen lassen.

Die Zunge aus dem Sud nehmen, kalt abschrecken und enthäuten. Von den Sehnen befreien. Wieder in den Sud legen und darin warm halten.

Für die Vinaigrette die Tomate mit kochend heißem Wasser überbrühen, kalt abschrecken, enthäuten, halbieren, entkernen und das Fruchtfleisch fein würfeln. Schalotten schälen, fein hacken und in einem Sieb zuerst heiß, dann kalt abbrausen. Gut abtropfen lassen. Den Schnittlauch waschen, trockentupfen und in Röllchen schneiden. Rotweinessig, Balsamico, Pfeffer, Salz und Öl gründlich verrühren. Tomatenwürfel, Schalotten und Schnittlauch untermischen.

Die Brunnenkresseblätter direkt in kaltes Wasser zupfen.
Kurz waschen und vorsichtig trockenschleudern. Die Radieschen putzen, waschen und in Stifte schneiden. Die Gartenkresse abschneiden, kalt abbrausen, trockentupfen und grob hacken.
Zunge und Bries in je 16 Scheiben schneiden und auf 4 großen, vorgewärmten Tellern anrichten. Jeden Teller mit Brunnenkresseblättern, Radieschenstiften und Gartenkresse garnieren. Fleisch und Garnitur mit Vinaigrette übergießen und sofort servieren.
Dazu passen junge Pellkartoffeln.

Küchenlatein: Kalbsbries und -zunge am besten bei einem Metzger Ihres Vertrauens vorbestellen. Kalbszunge ist eine fettarme Delikatesse, die man unbedingt einmal probiert haben sollte.

Forellenmousse

Für 4 Personen

- 4 geräucherte Forellenfilets (ca. 250 g)
- 3 EL Crème fraîche
- ½ TL frisch geriebener Meerrettich
- 100 g Sahne
- 6 Scheiben Weißbrot
- einige Friséesalatblätter
- 8–10 Kirschtomaten
- frisch gehackter Dill zum Garnieren

Die Forellenfilets sorgfältig entgräten. In grobe Stücke teilen und gemeinsam mit Crème fraîche und Meerrettich mit dem Schneidestab eines Handrührgeräts fein pürieren. Die Sahne steif schlagen und unter die Forellenmousse heben.

Das Weißbrot toasten und mit einer runden Ausstechform (4 cm Durchmesser) jeweils 2 Kreise aus einer Scheibe ausstechen. Forellenmousse in einen Spritzbeutel mit Sterntülle füllen und auf die Brotkreise spritzen. Salatblätter waschen, trockenschleudern und in mundgerechte Stücke zupfen. Tomaten waschen und vierteln. Salatblätter, Brotkreise mit Forellenmousse und Tomatenviertel auf 4 Tellern anrichten.
Die Mousse jeweils mit Dill bestreuen und alles servieren.

Nudelauflauf
mit Schinken

Für 4 bis 6 Personen

- 250 g Spiralnudeln
- Salz
- 200 g Edamer
- 200 g gekochter Schinken
- Butter für die Form
- 200 g Sahne
- 4 Eier
- 2 EL Mehl
- 2 EL Schnittlauchröllchen
- 1 Prise frisch geriebene Muskatnuss
- 2 EL Semmelbrösel
- schwarzer Pfeffer aus der Mühle
- 30 g Butterflöckchen

Den Backofen auf 220 °C vorheizen. Die Nudeln in reichlich Salzwasser bissfest garen. Abgießen, kalt abschrecken und gut abtropfen lassen. Den Käse in feine Stifte, den Schinken in Würfel schneiden. Eine Auflaufform mit Butter ausstreichen. Den Schinken unter die Nudeln mischen und diese in die Form füllen.

Sahne, Eier und Mehl gut verquirlen. Schnittlauch, die Hälfte des Käses, Salz, Pfeffer und Muskat unterrühren. Die Masse über die Nudeln gießen. Den restlichen Käse und die Semmelbrösel darüber streuen. Die Butterflöckchen auf dem Auflauf verteilen und diesen auf der mittleren Einschubleiste des Ofens 25 bis 30 Min. garen. In der Form servieren. Dazu schmeckt ein grüner Salat, zum Beispiel Feldsalat.

Tatar

Für 4 Personen

250 g Rinderfilet von bester Qualität

2 frische Eigelb

schwarzer Pfeffer aus der Mühle

Meersalz

1 TL Zitronensaft

3 TL Dijonsenf

2 EL mildes Olivenöl

½ fein gehackte Zwiebel

2 fein gehackte Essiggurken

2 EL fein gehackte Petersilie

1 fein gehackte Sardelle

1 entkernte, frisch gehackte Chilischote (optional)

rote Zwiebelringe zum Garnieren

Das Rinderfilet durch die feine Scheibe eines Fleischwolfs drehen oder mit einem scharfen Messer ganz fein hacken. Das Fleisch in eine Schüssel geben. Die Eigelbe mit Pfeffer, Salz, Zitronensaft, Senf und Olivenöl gründlich verquirlen. Zum Fleisch geben. Die restlichen Zutaten zufügen und das Ganze mit beiden Händen zu einer glatten Masse vermengen. Von der Masse mit einem Esslöffel Nocken abstechen und diese auf 4 Tellern anrichten. Jede Portion mit Zwiebelringen garnieren. Das Tatar sofort servieren. Dazu passt frisch geröstetes Weißbrot.

Küchenlatein: Das Aroma des Fleisches bleibt am besten erhalten, wenn man es mit einem Messer hackt. Das dauert zwar ein wenig, dafür schmeckt das Tatar umso feiner. Wer mag, kann noch zusätzlich Kapern untermischen.

Der Fleischwolf

Neben dem Prädikat „gutbürgerliche Küche" schmückten sich die Wirtshäuser früher auch gerne mit dem Hinweis „gepflegte Biere", und das hat durchaus seine Berechtigung. Ein gepflegtes Bier erkennt man schon optisch an einer schönen Schaumkrone. Das Bier muss schäumen, wenn es gezapft bzw. eingeschenkt wird. Eine Halbe ohne einen „g'scheiten Feim", also einen richtigen „Schaumkrapfen", ist eine „lacke Brüah". So was rührt in Bayern keiner an. Bei einer frischen Halben sollte der Schaum drei bis vier Zentimeter hoch stehen; ist er deutlich höher, hat der Wirt schlecht eingeschenkt.

Außerdem ist der Bierschaum gewissermaßen ein Deckel, der schützend über dem Bier liegt und verhindert, dass sich die aufsteigende Kohlensäure aus dem Glas verflüchtigt. So bewahrt sich das Bier seine Vollmundigkeit und Frische, auch wenn es schon eine Weile im Glas steht. Nach und nach fällt aber auch der schönste Bierschaum zusammen: „Bierschaum ist nur eine kurze Existenz beschieden – er wird geboren, lebt und stirbt", so der Physikprofessor Peter Keusch.

Während der eine vom zerfallenden Bierschaum zu philosophischen Betrachtungen inspiriert wird, fuchst den anderen das Thema wissenschaftlich. Der Münchner Physiker Arnd Leike ermittelte in aufwendigen Testreihen, wie lange es dauert, bis der Schaum auf dem Bier verschwunden ist. Bei einem Weißbier dauert es genau 276 Sekunden, bis es schaumfrei ist. Bei Altbier und Hellem zerfiel der Schaum deutlich schneller. Für diese bahnbrechenden Ergebnisse wurde Leike der Ig-Nobelpreis verliehen. Mit diesem werden Forschungen ausgezeichnet, die nicht wiederholt werden können oder besser, die man nicht zu wiederholen braucht.

Bierschaum

Münchner Wurstsalat

Für 4 Personen

- 4 Regensburger Würste
- 1 große Zwiebel
- 1 mittelgroße Essiggurke
- Weißweinessig
- Öl
- Salz
- schwarzer Pfeffer aus der Mühle

Die Regensburger enthäuten und in etwa 3 mm dicke Scheiben schneiden. Die Zwiebel schälen und in sehr dünne Ringe schneiden. Die Essiggurke fein würfeln. Wurstscheiben, Zwiebelringe und Essiggurkenwürfel in einer Schüssel vermengen.

Essig, Öl, Salz und Pfeffer verrühren und den Wurstsalat damit marinieren. 10 Min. durchziehen lassen. Frisches Holzofenbrot dazu reichen. Sehr gut schmeckt mir dazu auch ein kleiner Extra-Teller mit Bratkartoffeln.

Obazda

Pro Person

- ½ reifer Camembert
- 1 kleine, fein gehackte Zwiebel
- 1 EL weiche Butter
- edelsüßes Paprikapulver
- 1 Prise Kümmel
- 1 TL sehr fein gehackte rote oder grüne Paprikaschote
- 1 gekochtes Eigelb
- Schnittlauchröllchen zum Bestreuen

Den Camembert mit einer Gabel zerdrücken und gründlich mit den restlichen Zutaten vermengen. Den Obazden mit Schnittlauch bestreuen und zimmerwarm servieren - wenn er zu kalt ist, hat er zu wenig Aroma. Dazu gibt's knuspriges Holzofenbrot und eine frische Halbe.

Küchenlatein: Der Camembert darf durchaus reif sein, auf jeden Fall sollte er keinen festen Kern mehr haben. Soll der Obazde würziger werden, gibt man noch etwas Limburger oder Romadur dazu. Für einen milderen Geschmack empfiehlt sich Doppelrahmfrischkäse oder Quark.

Das Gipfelbier

Gebratener Weißwurststrudel
mit Senfsauce

Für 4 Personen

Für den Weißwurststrudel:

600 g Weißwurstbrät

80 g Sahne

½ TL mildes Chilipulver

1 TL abgeriebene Schale von 1 unbehandelten Zitrone

1 EL frisch gehackte Petersilie

1 gute Prise frisch geriebene Muskatnuss

4 Strudelteigblätter à 15 x 20 cm (aus dem Kühlregal)

2 EL flüssige Butter

3 EL Öl

Für die Senfsauce:

125 ml Gemüsebrühe

125 g Sahne

2 EL süßer Senf

2 EL scharfer Senf

Salz

1 EL Butter

1 EL geschlagene Sahne

Das Weißwurstbrät mit der Sahne vermengen. Mit Chili, Zitronenschale und Petersilie würzen. Die Strudelteigblätter auf ein sauberes Küchentuch legen und mit der flüssigen Butter bestreichen. Die Weißwurstmasse vierteln und jeweils in die Mitte der Teigblätter setzen. Etwa 12 x 6 cm breit und 2 cm hoch verstreichen. Die Teigplatten darüber zusammenklappen und vorsichtig andrücken.

Für die Senfsauce Brühe und Sahne erhitzen. Vom Herd nehmen und beide Senfsorten sowie die Butter unterrühren. Mit Salz abschmecken. Je nach Intensität der Senfsorten eventuell etwas mehr davon zugeben. Beiseite stellen.

Das Öl in einer großen Pfanne bei mittlerer Hitze heiß werden lassen. Die Strudelpäckchen mit der Nahtseite nach unten hineingeben und in 3 bis 4 Min. leicht anbräunen. Zwischendurch mehrmals mit dem Öl aus der Pfanne übergießen. Wenden und auf der anderen Seite ebenfalls 3 bis 4 Min. braten. Die Strudelpäckchen auf Küchenpapier kurz abtropfen lassen.

Die geschlagene Sahne unter die Senfsauce ziehen und diese auf 4 vorgewärmte Teller verteilen. Die Strudelpäckchen jeweils in 3 Stücke schneiden und darauf anrichten. Sofort servieren.

Münchens bekannteste Spezialität, die Weißwurst, wird traditionsgemäß vormittags verzehrt und zwar mit süßem Senf. Auf keinen Fall
Brezn und Weißbier. Ursprünglich wurde die Weißwurst morgens hergestellt und sie mußte noch vor 12 Uhr mittags gegessen sein. Es gibt jedoch
darf die Weißwurst das Mittagsläuten hören. Der Legende nach wurde die Weißwurst »Zum ewigen Licht« am Münchner Marienplatz
vom Metzgerwirt »Moser Sepp« erfunden. Später wurde die Weißwurst bekannt. Es gibt jedoch des 19. Jahrhunderts
1857 Weißwurst das erste Mal in Lyon als kälberne Wurst gegeben
Faschingssonntag
zösischen Küche, der Erfinder der Münchner Weißwurst zu Beginn
Kochbüchern wird sie schon zu Beginn
Kalbskopffleisch, Eisschnee sowie Kochsalz hergestellt und
Zitronenpulver, Macis und Zwiebeln, auch entsehnten
aus 51% aus Kalbfleisch bestehen. Zu denen
das Häutelwerk, das sich aus gekochten, ausgelösten
Boudin Blanc genannt
dennoch gilt Moser
Kalbsfleisch

blos zwoa Weißbie

ENGELBRAUEREI THANNHAUSEN

Ein himmlisches Gebräu –
höllisch gut!

liebeslied

du bist kallmünz und ich bin nur schmidmühlen
fließt es auch vils an mir vorbei
ich lebe heiß, du lebst im kühlen
ich bin august, du bist so mai.

du schaust so regensburg zu mir herunter
ich mach mich amberg klein vor dir
ich bin so mulz, du bist so munter
du lachst so wein, ich schau so bier.

zwar bin ich oben, doch es fließt zu naab
mag ich mich noch pielenhofen fühlen
ich bleibe ensdorf bis zum grab
du bist halt doch kallmünz und ich – schmidmühlen

Eugen Oker

Wirtshaus & Brauerei
Zum Goldenen Löwen
Montag + Dienstag Ruhetag!
Alte Regensburger Str. 18 93183 Kallmünz
Wensd niad fuadgaisd,
halzd as Dahoim niad lang as!
EUGEN OKER

Beilagen & Salate

Würze

Reiberknödel

Für 6 bis 8 Portionen

1,25 kg mehlig kochende Kartoffeln

Salz

2 EL Speisestärke

1 EL Sauerrahm

250 g Kartoffeln kochen. Noch heiß schälen und durch eine Presse drücken. Beiseite stellen.

Die rohen Kartoffeln schälen. Ein Drittel fein reiben, zwei Drittel fein raspeln. In ein sauberes Küchentuch geben und gut auspressen. Mitsamt Tuch in einem Sieb über einer Schüssel 10 Min. lang abtropfen lassen, damit sich die Stärke absetzen kann.

Rohe und gekochte Kartoffeln mit Salz, Stärke und Sauerrahm vermengen. Aus der Masse Knödel formen und diese in leicht siedendem Salzwasser 20 bis 25 Min. garen. Mit einem Schaumlöffel herausnehmen und rasch servieren.

Variation: Man kann die Reiberknödel auch mit gerösteten Weißbrotwürfeln füllen, ein guter Teelöffel pro Knödel ist ausreichend.

Reiberdatschi

Für 4 Portionen

1 kg halbfest kochende Kartoffeln

1 mittelgroße Zwiebel

3 Eier

2 EL Kartoffelmehl

Salz

schwarzer Pfeffer aus der Mühle

1 Prise gemahlene Muskatblüte (Macis)

1 EL fein gehackte Petersilie

1 EL Schnittlauchröllchen

Erdnuss-, Raps- oder Olivenöl zum Ausbacken

Die Kartoffeln schälen und fein reiben. In einem Tuch ausdrücken und in eine Schüssel geben. Zwiebel schälen, fein hacken und zufügen. Eier verquirlen und ebenfalls zufügen. Kartoffelmehl, Gewürze sowie Kräuter zugeben und das Ganze gründlich vermengen.

Reichlich Öl in einer Pfanne mittelstark erhitzen. Die Masse darin esslöffelweise goldbraun ausbacken. Die Reiberdatschi auf Küchenpapier abtropfen lassen und heiß servieren.

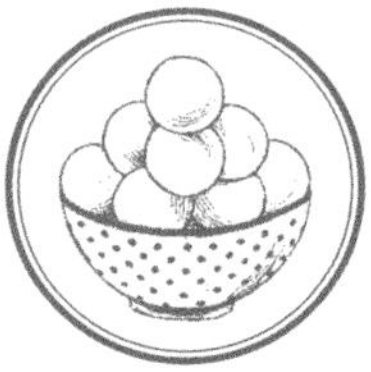

Semmelknödel

Für 6 Portionen

- 10 altbackene Semmeln (Brötchen)
- 250 ml lauwarme Milch
- 3 Eier
- Salz
- schwarzer Pfeffer aus der Mühle
- 4 EL Butter
- 1 fein gehackte Zwiebel
- 2 EL fein gehackte Petersilie

Die Semmeln würfeln und in einer Schüssel mit der lauwarmen Milch übergießen. Die Eier dazugeben, die Masse vermengen und mit Salz sowie Pfeffer würzen. Butter in einer Pfanne erhitzen und die Zwiebel kurz darin andünsten. Petersilie zufügen und kurz anschwitzen.

Zwiebel und Petersilie mitsamt der Butter zur Knödelmasse geben. Das Ganze gut, aber vorsichtig durchmischen und etwa 30 Min. ruhen lassen.

Reichlich Salzwasser zum Kochen bringen. Aus der Masse mit nassen Händen Knödel formen und diese in das kochende Wasser gleiten lassen. Die Hitze reduzieren und die Knödel in 15 bis 20 Min. im siedenden Wasser gar ziehen lassen.

Speckknödel

Für 4 Portionen

- 3 altbackene Semmeln (Brötchen)
- 100 ml lauwarme Milch
- 2 Zwiebeln
- 2 EL Butter
- 2 Knoblauchzehen
- 100 g Tiroler Speck
- 1 EL fein gehackte Petersilie
- 1 EL fein gehackter Majoran
- 2 Eier
- Salz
- schwarzer Pfeffer aus der Mühle

Die Semmeln grob würfeln, in einer Schüssel mit lauwarmer Milch – keine heiße Milch, sonst verklebt die Masse und wird zu fest – übergießen und kurz quellen lassen. Die Zwiebeln schälen, fein hacken und in der Butter glasig schwitzen. Den Knoblauch ebenfalls schälen und fein hacken. Den Speck fein würfeln und in einer Pfanne etwas anrösten. Den Knoblauch zufügen und kurz anschwitzen.

Die Semmeln ausdrücken und in eine zweite Schüssel geben. Zwiebeln, Speck-Knoblauch-Mischung, Kräuter und Eier hinzufügen. Das Ganze zu einer homogenen Masse vermengen. Mit Salz und Pfeffer würzen.

Reichlich Salzwasser zum Kochen bringen. Aus der Masse mit nassen Händen Knödel formen und diese in das kochende Wasser gleiten lassen. Die Hitze reduzieren und die Knödel in 15 bis 20 Min. im siedenden Wasser gar ziehen lassen.

Speckknödel serviert man entweder in einer guten Rindersuppe oder mit Sauerkraut und gerösteten Zwiebelringen.

Brezenknödel

Für 4 Portionen

- 500 g altbackene Brezen oder Brezensemmeln
- 250 ml lauwarme Milch
- 2 kleine Zwiebeln
- 2 EL Butter
- 2 EL fein gehackte Petersilie
- Salz
- weißer Pfeffer aus der Mühle
- 1 Msp. frisch geriebene Muskatnuss
- 2 Eier

Die Brezen oder Laugensemmeln in feine Scheiben schneiden, in einer Schüssel mit lauwarmer Milch übergießen und kurz quellen lassen. Die Zwiebeln schälen, fein hacken und in der Butter glasig schwitzen. Die Petersilie unterrühren, die Pfanne sofort vom Herd nehmen und die Zwiebeln leicht abkühlen lassen. Die Brotmasse mit Salz, Pfeffer und Muskatnuss würzen. Eier und Zwiebeln zufügen und untermengen. Die Masse einige Min. ruhen lassen.

Reichlich Salzwasser zum Kochen bringen. Aus der Masse mit nassen Händen 12 Knödel formen und diese in das kochende Wasser gleiten lassen. Die Hitze reduzieren und die Knödel in 12 bis 15 Min. im siedenden Wasser gar ziehen lassen. Mit einem Schaumlöffel herausnehmen und sofort servieren.

Bauchstechala

Für 4 bis 6 Portionen

- 500 g Mehl Type 550 (in Österreich doppelgriffiges Mehl)
- 2 Eier
- 1,5 EL Salz
- ca. 175 ml Wasser

Alle Zutaten gründlich miteinander verkneten, bis ein zäher, fester Teig entsteht. Reichlich Salzwasser zum Kochen bringen. Mit Daumen und Zeigefinger kleine Stücke vom Teig reißen und diese zwischen den Handflächen zu fingerförmigen Nudeln reiben. Ins kochende Wasser gleiten lassen und etwa 10 Min. garen.

In ein Sieb abseihen und kalt abschrecken. Zum Servieren entweder kurz in Butter schwenken oder gemeinsam mit Speckwürfeln in einer Pfanne knusprig braten.

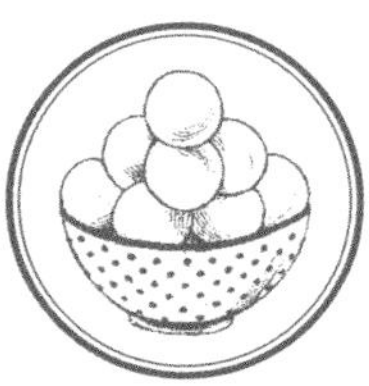

Spatzen

Für 4 Portionen

- 6 Eier
- Salz
- schwarzer Pfeffer aus der Mühle
- 450–500 g Mehl
- Butter zum Schwenken

Die Eier in eine Rührschüssel aus Metall oder Kunststoff schlagen. Mit Salz sowie Pfeffer würzen und mit einem Holzkochlöffel kräftig verquirlen. Unter ständigem Rühren das Mehl nach und nach dazugeben. Je nach Größe der Eier benötigt man eventuell etwas weniger Mehl als angegeben. Es sollte ein zäher, fester Teig entstehen – wenn man die Schüssel stürzen kann, ohne dass Teig herausfließt, hat er die richtige Konsistenz. Ist er zu fest, etwas Wasser unterrühren. Mit einem sauberen Küchentuch abdecken und etwa 10 Min. ruhen lassen.

Reichlich Salzwasser zum Kochen bringen. Eine Spätzlepresse in das Wasser tauchen. Dann den Teig portionsweise durch die Presse ins kochende Wasser drücken. Die Spatzen nach 3 bis 5 Min. mit einem Schaumlöffel herausnehmen, in einen Steingut- oder Keramiktopf gleiten lassen und etwas Butter zufügen. Fertige Spatzen im Steinguttopf im Backofen bei 80 °C warm halten. Den gesamten Teig auf diese Weise verarbeiten.

Die Spatzen können auch saisonal aromatisiert werden, zum Beispiel mit fein gehacktem Bärlauch, Spinat oder Basilikum.

Kässpatzen

Für 4 Personen

- 1 Grundrezept Spatzen (s. obenstehendes Rezept)
- 200 g Appenzeller, Emmentaler oder Greyerzer
- 2 Zwiebeln
- 150 g geräuchertes Wammerl (Schweinebauch)
- 2 Knoblauchzehen
- 50 g Butter
- schwarzer Pfeffer aus der Mühle

Während der Spatzenteig ruht, den Käse in eine Schüssel reiben. Zwiebeln schälen und fein würfeln. Das Wammerl ebenfalls fein würfeln. Wammerl und Zwiebeln in einer Pfanne anschwitzen. Knoblauch schälen und fein hacken. Die Butter zerlassen, den Knoblauch hineingeben und die Mischung in einen Steinguttopf für die Spatzen füllen. Die erste Portion Spatzen mit etwas geriebenem Käse bestreuen und etwas von der Wammerl-Zwiebel-Mischung darübergeben. Mit schwarzem Pfeffer übermahlen. Den Steinguttopf in den 80 °C heißen Ofen stellen. Die nächste Portion Spatzen darüberschichten. Erneut mit Käse bestreuen, etwas Wammerl-Zwiebel-Mischung darübergeben und mit Pfeffer würzen. Auf diese Weise fortfahren, bis alle Zutaten verbraucht sind. Den Steinguttopf immer wieder in den Ofen stellen, damit der Käse schmelzen kann, bevor die nächste Lage Spatzen eingeschichtet wird. Die letzte Schicht sollte aus der Wammerl-Zwiebel-Mischung bestehen. Dazu passt ein frischer Feldsalat.

29.
Mai

Erdäpfelkas

Für 4 Portionen

- 500 g mehlig kochende Kartoffeln
- 2 Zwiebeln
- 2 EL Butter
- 150 g Sauerrahm
- 150 g Sahne
- Salz
- schwarzer Pfeffer aus der Mühle
- 2 EL Schnittlauchröllchen

Die Kartoffeln in der Schale weich garen. Schälen und noch heiß durch eine Presse drücken oder mit den Fingern zerdrücken.

Während die Kartoffeln kochen, die Zwiebeln schälen, fein würfeln und in der Butter glasig dünsten. Sauerrahm, Sahne, Salz, Pfeffer und Schnittlauch gründlich verquirlen.

Zwiebeln und Sauerrahmmischung unter die noch warme Kartoffelmasse mischen.

Küchenlatein: Verfeinern kann man den Erdäpfelkas, indem man ihn vor dem Servieren mit klein gehackten, in Butter gerösteten Haselnüssen bestreut.

Bratkartoffeln

Für 4 Portionen

- 1 kg fest kochende Kartoffeln
- 3 große Zwiebeln
- 125 ml Öl
- 2 EL Butter
- 2–3 Knoblauchzehen
- Salz
- weißer Pfeffer aus der Mühle
- 2 EL Schnittlauchröllchen

Die Kartoffeln schälen, waschen und mit dem Gurkenhobel in hauchdünne Scheiben schneiden. Mit Küchenpapier sorgfältig trockentupfen. Die Zwiebeln schälen und in feine Ringe schneiden.

Öl und Butter in einer großen Pfanne (am besten aus Gusseisen) mittelstark erhitzen. Die Kartoffelscheiben unter häufigem Wenden darin anbraten. Nach einigen Min. die Zwiebelringe zufügen und unter ständigem Wenden mitbraten. Die Kartoffeln benötigen etwa 20 Min. bis sie weich sind. Gute 5 Min. vor Ende der Garzeit den Knoblauch schälen, fein hacken und unter die Kartoffeln mischen. Zum Schluss die Kartoffeln kräftig salzen und pfeffern. Vor dem Servieren mit Schnittlauch bestreuen.

Küchenlatein: Diese Bratkartoffeln passen wunderbar zu Bratensulz, Presssack oder einfach nur zu Spiegeleiern.

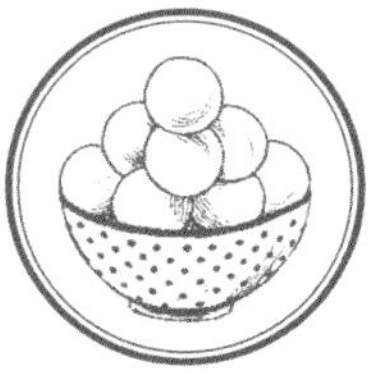

Kartoffelsalat

Für 4 Portionen

1 kg fest kochende, am besten neue Kartoffeln

Salz

150 g geräuchertes Wammerl (Bauchspeck)

2 kleine Zwiebeln

1 EL Butter

100 ml Fleischbrühe (s. Rezept S. 16)

4 EL Öl

4 EL Essig

weißer Pfeffer aus der Mühle

1 Prise Zucker

2 EL fein gehackte Petersilie

Die Kartoffeln in der Schale in Salzwasser weich garen. Noch heiß vorsichtig schälen, in Scheiben schneiden und in eine große Schüssel geben.

Während die Kartoffeln garen, das Wammerl fein würfeln. Die Zwiebeln schälen und fein hacken. Butter in einer Eisenpfanne erhitzen und die Wammerlwürfel darin anrösten. Die Zwiebeln dazugeben und kurz glasig schwitzen. Die Mischung später zu den Kartoffelscheiben geben.

Die Brühe erhitzen und darübergießen. Öl, Essig, Salz, Pfeffer und Zucker mit einem Schneebesen zu einer Marinade verrühren. Über die Kartoffeln gießen und den Salat gründlich durchmischen. Ein paar Min. ziehen lassen. Erst vor dem Servieren mit Petersilie bestreuen.

Das ist ein Kartoffelsalat, wie meine Mutter ihn immer machte und wie er mir immer noch am liebsten ist. Er passt sehr gut zu Fleischpflanzerln oder Wiener Schnitzel.

Grüner Bohnensalat

Für 4 Personen

750 g frische grüne Bohnen
Salz
1 Bund Bohnenkraut
2 Zwiebeln
50 g geräuchertes Wammerl (Schweinebauch)
3–4 EL Weißweinessig
2–3 EL Sonnenblumenöl
Pfeffer aus der Mühle

Die Bohnen waschen, putzen und eventuell von den Fäden befreien. 2 l Wasser in einem Topf aufkochen. Salz, Bohnen und Bohnenkraut zufügen. Die Bohnen 10 bis 12 Min. kochen. Dann abgießen und kalt abschrecken. Halbieren und in eine Schüssel geben.

Die Zwiebeln schälen, fein hacken und dazugeben. Das Wammerl in kleine Würfel schneiden und in einer Pfanne ohne Fettzugabe knusprig ausbraten. Unter die Bohnen mischen. Essig sowie Öl untermengen und den Salat mit Salz und Pfeffer abschmecken.

Krautsalat

Für 4 Portionen

600 g Weißkohl
125 ml Öl
125 ml Weißweinessig
1 mittelgroße Zwiebel
1 TL Salz
1 TL Zucker
½ TL Kümmel
schwarzer Pfeffer aus der Mühle

Weißkohl putzen, vom Strunk befreien und waschen. In feine Streifen schneiden oder hobeln. In eine große Schüssel geben.

Öl und Essig in einen Topf geben und erhitzen. Die Zwiebel schälen, würfeln und zufügen. Die Mischung mit Salz, Zucker, Kümmel und Pfeffer würzen. Einen Deckel auflegen und die Flüssigkeit etwa 2 Min. lang kräftig sprudelnd kochen lassen. Anschließend sofort über den Weißkohl gießen. Den Salat gründlich durchmischen. Zugedeckt mindestens 2 Std. durchziehen lassen. Vor dem Servieren nochmals durchmischen und eventuell nachwürzen.

Krautsalat ist eine klassische Beilage zu Schweinsbraten.

Sauerkraut

Für 4 Portionen

1 Zwiebel
50 g geräucherter Speck
2 EL Butterschmalz
750 g frisches Sauerkraut aus dem Fass
250 ml Fleischbrühe (s. Rezept S. 16)
100 ml Weißwein
2 Lorbeerblätter
7 schwarze Pfefferkörner
½ EL Wacholderbeeren
500 g geräuchertes Wammerl (Schweinebauch)

Zwiebel schälen und fein würfeln. Speck ebenfalls fein würfeln. Butterschmalz in einem großen Topf erhitzen und Zwiebel sowie Speck darin anschwitzen. Sauerkraut zugeben und etwas Farbe nehmen lassen. Mit Fleischbrühe und Weißwein ablöschen.

Die Gewürze zufügen und das Ganze gut verrühren. Das Wammerl am Stück auf das Kraut legen und dieses halb zugedeckt etwa 45 Min. leise köcheln lassen. Das Wammerl herausnehmen und anderweitig verwenden. Die Lorbeerblätter entfernen und das Kraut zu Bratwürsten oder deftigen Fleischgerichten servieren.

... kocha kon s‘ net.

Menu
Bratforellen
Grießnockerlsuppe
Rindsrouladen mit Kartoffelpüree
Kirschenmichl
Weine: »Montan«, Sauvignon 2010,
Cantina Tramin, Südtirol
»Barolo«, 2004
Comm. G. B. Burlotto
Vigneto Cannubi, Verduno, Italien
»Roen«, Gewürztraminer 2009
Cantina Tramin, Südtirol

PANTL-BRÄU
SEIT
1573
MURNAU

Mir fahrn mit der Zilln übern See,
da springan die Fischerl auf d' Höh'.

Fischerl im Grund gib guat acht,
sonst schwimmst in da Pfann drin auf d'Nacht.

Fisch

Peters Fischpflanzerl

Für 6 Personen

- 1 kg gemischte Fischfilets von Rotaugen, Brachsen, Federn und Barsch
- 1 EL Zitronensaft
- 3 altbackene Semmeln (Brötchen)
- 100 ml Milch
- 2 Zwiebeln
- 80 g geräucherter Speck ohne Schwarte
- 2 EL grob gehackte Petersilie
- 2–3 Eier
- Salz
- schwarzer Pfeffer aus der Mühle
- frisch geriebene Muskatnuss
- 50 g Butter

Die Fischfilets sorgfältig entgräten und in Stücke schneiden. Mit Zitronensaft beträufeln. Die Semmeln kleinschneiden und in der Milch einweichen. Die Zwiebeln schälen und in Stücke schneiden. Den Speck grob würfeln. Die Semmeln ausdrücken und zusammen mit Fischfilets, Zwiebeln, Speck und Petersilie zwei Mal durch den Fleischwolf drehen oder in der Küchenmaschine pürieren.

Die Masse in eine Schüssel geben und darin mit den Eiern vermengen. Mit Salz, Pfeffer und Muskat würzen. Aus der Masse mit nassen Händen kleine Pflanzerl formen. Die Butter in einer großen Pfanne erhitzen und die Fischpflanzerl darin portionsweise von jeder Seite 3 Min. braten. Auf Küchenpapier abtropfen lassen und heiß servieren. Bratkartoffeln (s. Rezept S. 62) oder Kartoffelsalat (s. Rezept S. 63) dazu reichen.

Bratforellen

Für 4 Personen

Für die Marinade:

100 ml weißer Balsamico

1 TL Salz

2 EL Zucker

8–10 schwarze Pfefferkörner

8 Wacholderbeeren

2 Gewürznelken

2 Lorbeerblätter

1 kleine getrocknete Chilischote

¼ TL Senfkörner

1 Zwiebel, fein gewürfelt

je 50 g Karotten, Sellerie und Lauch, fein gewürfelt

Für die Forellen:

1,5 kg Bachforellen- oder Saiblingfilets

Salz

schwarzer Pfeffer aus der Mühle

Mehl zum Wenden

Öl zum Braten

Für die Marinade alle Zutaten gemeinsam mit 1,5 l Wasser in einen Topf geben und aufkochen lassen.

Die Fischfilets sorgfältig entgräten. Jedes Filet in 8 Stücke schneiden. Salzen, pfeffern, in Mehl wenden und in heißem Öl knusprig braten. Danach in den noch heißen Sud legen und darin abkühlen lassen. Die Bratforellen zimmerwarm servieren.

Hecht
in Weißwein-Sahne-Sauce

Für 5 Personen

1 ganzer Hecht (ca. 2,5 kg, entschuppt, ausgenommen, ohne Kiemen, aber mit Kopf)

Salz

150 g Schalotten

150 g weiche Butter

schwarzer Pfeffer aus der Mühle

400 g Sahne

200 ml trockener Weißwein (z. B. Elsässer Riesling)

3 EL fein gehackte Petersilie

Den Hecht kurz abspülen, innen sowie außen salzen und abgedeckt kühl stellen. Den Backofen auf 200 °C vorheizen. Die Schalotten schälen und sehr fein würfeln. Mit der Butter verkneten. Die Masse salzen und pfeffern.

Den Hecht auf ein tiefes Blech setzen und die Schalottenbutter dick auf dem Rücken verstreichen. Das Blech auf der mittleren Einschubleiste in den Ofen schieben. Sahne und Weißwein verquirlen. Die Hälfte der Flüssigkeit nach 15 Min. Garzeit mit einem großen Löffel über den Fisch geben. Nach weiteren 5 Min. den Fisch mit Bratensaft und Sahnemischung übergießen. Den Hecht 40 bis 50 Min. im Ofen garen. Dabei in regelmäßigen Abständen mit Sahnemischung und Bratensaft aus dem Blech übergießen. Den Backofen auf stärkste Oberhitze einstellen und das Blech in die oberste Leiste geben. Den Fisch noch etwa 5 Min. garen. Dann herausnehmen und auf eine vorgewärmte Platte legen. Den Bratensaft im Blech mit der restlichen Sahnemischung verquirlen. Die Sauce mit Salz und Pfeffer abschmecken, in eine Sauciere füllen und mit Petersilie bestreuen. Die Sauce zum Fisch reichen. Dazu passen Dampfkartoffeln, mit denen man die Sauce gut auftunken kann.

Tipp: Die Saucenmenge mag auf den ersten Blick sehr reichlich erscheinen, die Sauce schmeckt aber so wunderbar, dass man am Ende nie genug davon hat!

We·no·nah
Auf der
2010

Fische aus
Hecht
Karpfen
Schneider, Laube
Plötze
Rotauge
Schleie
Brachse, Ble
Brasse
Aitel
Rotfeder
Nase
Waller, Wels

ayrischen Gewässern
Huchen, Donaulachs, Donauzalm
Saibling
Regenbogenforelle
Bachforelle
Renke
Zander, Schill
Äsche
Barsch, Krätzer, Egli
Barbe
Aal

Altmühl- und Donaufischer

Als Schulbub hatte ich immer wieder Probleme wegen meines Zuspätkommens. Auf meinem drei Kilometer langen Weg zur Schule warteten einfach zu viele Verlockungen, die zum Verweilen einluden.

Besonders faszinierend waren die Fischer, die jeden Freitag auf dem Marktplatz ihren „Fang der Woche" in überlaufenden Fässern, Bottichen und alten Zinkbadewannen lebend zum Kauf anboten.

„Fang der Woche", das waren in erster Linie Weißfische, also Aitel, Barben, Brachsen, Rotaugen oder Federn. Aber auch Aale, Barsche und Zander waren darunter. In besonderen Wannen wurden zudem Hechte sowie hin und wieder urtümliche Waller feilgeboten. Die Bottiche und Wannen waren über Schläuche an einen nahen Hydranten angeschlossen, deswegen war das Wasser immer frisch und eiskalt. Die Fischer waren schon von vielen Leuten, meistens Hausfrauen, umringt, wenn ich dort hinkam. Wie hätte ich an so einem Schauspiel vorbeigehen können? Allerdings interessierten mich hauptsächlich die Fische, denn die Natur hat mich schon immer begeistert, vor allem jegliche Art von Tieren. Und hier bot sich eine einmalige Gelegenheit, Fische, die ich ansonsten höchstens als silbrig-grauen Schatten weghuschen sah, also mehr erahnte als wirklich erkannte, aus nächster Nähe betrachten zu können. Hier gab es lebendige Fische – quasi zum Anfassen, wenn ich mich getraut hätte.

Wir wohnten damals nicht weit von der Mündung der Altmühl in die Donau. An freien Nachmittagen oder in den Ferien streunte ich dort mit Vorliebe zusammen mit meinen Freunden herum. Diese Flussauen mit ihren Altwassern waren sozusagen unser Revier, und da gehörte es natürlich dazu, dass man sich mit Fischen auskannte. Die häufigsten konnte ich jedenfalls benennen und wusste auch etwas über ihre Lebensweise. Unter uns Buben machten immer wieder tolle Geschichten über irgendwelche „Wahnsinns-Fische" die Runde. Da wusste zum Beispiel einer, wo ein unglaublicher Riesenhecht stand, ein „solches Brackl" – wahrscheinlich hat er uns mit ausgestreckten Armen die Größe des Viehs gezeigt, das schon ganze Enten verschlungen hatte. Ein anderer wieder hatte gehört, dass man im Donaudurchbruch, dort, wo er am tiefsten war, an der „langen Wand" einen 2-Meter-Waller herausgezogen hatte. Gewissermaßen ein richtiges Ungeheuer aus den Tiefen der Donau. „Und", fügte er hinzu, „sie haben die ganze Nacht gebraucht, bis sie ihn in der Zilln hatten." Die Zille ist ein typischer Donaukahn.

Wenn ich vor den Wannen und Bottichen der Fischer stand, schien mir, als wären all diese Geschichten Wirklichkeit geworden. Ein bisserl wenigstens. Auch wenn keiner der Hechte so groß war wie jene in unseren Geschichten.

Einen fantastischen Anblick boten diese in allen Farben schimmernden und glänzenden Prachtburschen allemal. Und mit ihren breiten, Zähne

strotzenen Mäulern wirkten selbst die kleineren Exemplare äußerst Respekt einflößend auf mich. Manchmal wand sich, ganz auf dem Grund einer Wanne, ein gewaltiger schwarzbrauner Waller. Um sein Maul wuselten, träge wie Schlingpflanzen oder Würmer, die langen Barten. Solch ein Exemplar war eine ganz und gar urweltliche Erscheinung, scheußlich und faszinierend zugleich.

Obwohl sich die Fische in ihren engen Gefängnissen kaum bewegen konnten, ging von ihnen eine wunderbare Ahnung aus, die von dunklen, geheimnisvollen Gumpen der Altmühl und reißenden Wirbeln der Donau kündete. Ich konnte es förmlich riechen.

Doch wenn ich beobachtete, wie einer der Fischer in seine Wanne fasste und mit festem Griff einen wild zappelnden Fisch herausholte, schlug meine Faszination in Grauen um. Denn jeder Griff des Fischers bedeutete das Todesurteil für einen Fisch in der Wanne. Er wurde erbarmungslos geschlachtet, grob entschuppt und ausgenommen und verschwand dann, dick in Zeitungspapier eingeschlagen, in der Einkaufstasche einer wartenden Bürgerin. Das grausame Vorspiel zu einem frommen Mittagessen ...

„Und wie spät war es überhaupt?" – wieder einmal hatte ich während meiner Betrachtungen und Träumereien überhört, was es in Wirklichkeit geschlagen hatte. Es war längst acht Uhr vorbei und der Unterricht hatte bereits begonnen. Was mich dort gleich erwartete, davor graute mir auch.

Doch heute bin ich überzeugt, dass mein Verweilen vor den Bottichen der Fischer, ja, dass mir all die Verlockungen auf meinem Schulweg letzten Endes mehr gebracht haben als manche graue Unterrichtsstunde bei meinem moralinsauren Lehrern damals. Denn es heißt nicht umsonst: Der Weg ist das Ziel.

Forelle blau

Für 4 Personen

4 fangfrische Forellen
à ca. 400 g

3 TL Salz

125 ml Weißweinessig

125 ml trockener Weißwein

125 g Butter

1 unbehandelte Zitrone

1 Bund Petersilie

Die Forellen am besten vom Händler entschuppen und ausnehmen lassen. Für die Zubereitung vorsichtig kalt abspülen. Dabei darauf achten, dass die äußere, empfindliche Schleimhaut, die das Blauwerden bewirkt, nicht verletzt wird. Die Forellen innen und außen trockentupfen. Dann mit 1 Teelöffel Salz einreiben.

Die Fische binden. Hierfür mit einer großen Nadel Küchengarn durch Unterkiefer und Schwanzflossen ziehen und jeweils lose verknoten. Den Weißweinessig erhitzen und die Forellen auf einer tiefen Platte damit übergießen. 3 l Wasser gemeinsam mit dem restlichen Salz und dem Wein in einem großen Topf zum Kochen bringen.

Die Forellen einlegen und bei schwacher Hitze je nach Größe 10 bis 15 Min. ziehen lassen. Die Fische sind gar, wenn sich die Rückenflossen leicht herausziehen lassen.

Die Butter schmelzen und warm halten. Die Zitrone waschen, trockenreiben und in Schnitze schneiden. Petersilie waschen und trockentupfen.

Die Forellen mit Zitronenschnitzen sowie Petersilienzweigen garnieren und servieren. Die Butter dazu reichen. Schmeckt am besten mit Salzkartoffeln und einem frischen, grünen Salat.

Sommer-Menu

Tatar

•

Forelle blau
mit Salzkartoffeln und grünem Salat

•

Hollerküacherl

•

Weine: »Weißer Burgunder«, 2010 trocken
Weingut Müsel, Rheinhessen

•

»Riesling Brut«, 2003, traditionelle Flaschengärung
Weingut Schloß Sommerhausen, Franken

Forelle Müllerin

Für 4 Personen

4 fangfrische Forellen à ca. 400 g

Saft von 1 Zitrone

1 TL Salz

schwarzer Pfeffer aus der Mühle

1 EL Mehl

150 g Butter

1 unbehandelte Zitrone

1 Bund Petersilie

Die Forellen am besten vom Händler entschuppen und ausnehmen lassen. Für die Zubereitung gründlich kalt abspülen. Trockentupfen, mit Zitronensaft beträufeln und 10 Min. marinieren lassen.

Die Fische innen und außen mit Salz sowie Pfeffer würzen. Die Butter in einer großen Pfanne erhitzen. Die Forellen in Mehl wenden und in der heißen Butter pro Seite etwa 6 Min. braten. Dabei darauf achten, dass die Hitze nicht zu stark ist, sonst verbrennen und zerfallen die Forellen.

Die Zitrone waschen, trockenreiben und in Schnitze schneiden. Petersilie waschen und trockentupfen.

Die Forellen mit Zitronenschnitzen sowie Petersilienzweigen garnieren und servieren. Dazu passen Petersilienkartoffeln.

Küchenlatein: Zum Verfeinern Mandelblättchen in Butter goldbraun rösten und vor dem Servieren über die Forellen streuen. Das Rezept funktioniert genausogut mit Renken oder Saiblingen.

Karpfen
auf fränkische Art

Für 4 Personen

- 1 kg fest kochende Kartoffeln
- 5 Zwiebeln
- 2 Frühlingszwiebeln
- ½ rote Paprikaschote
- ½ Bund Schnittlauch
- 1 Knoblauchzehe
- Salz
- weißer Pfeffer aus der Mühle
- 3 EL Weinessig
- 9 EL Sonnenblumenöl
- 1 küchenfertiger Karpfen (ca. 1,2 kg)
- 2 EL Mehl
- 250 g Champignons
- ½ Bund Petersilie
- 2 EL Butter

Die Kartoffeln in der Schale in kochendem Wasser weich garen. Abgießen, abkühlen lassen und dann schälen. Die Kartoffeln in Scheiben schneiden. 2 Zwiebeln schälen und fein würfeln. Die Frühlingszwiebeln putzen und in dünne Ringe schneiden. Die Paprikaschote putzen, waschen und in feine Ringe schneiden. Schnittlauch waschen, trockentupfen und in feine Röllchen schneiden. Knoblauch abziehen und durch eine Presse drücken.

Schnittlauch, Knoblauch, Salz und Pfeffer in eine große Schüssel geben und darin zuerst mit dem Weinessig, dann mit 6 Esslöffeln Öl verrühren. Kartoffeln, Zwiebeln, Frühlingszwiebeln und Paprikaschote zufügen, unterheben und den Salat gut durchziehen lassen.

Den Backofen auf 220 °C vorheizen. Den Karpfen kalt abbrausen, trockentupfen und innen sowie außen mit Salz und Pfeffer würzen. Mit 2 Esslöffeln Öl bestreichen. Rundum mit Mehl bestäuben, auf ein tiefes Blech setzen und im Ofen in etwa 35 Min. goldbraun garen. Zwischendurch mehrmals dünn mit Öl bestreichen.

Inzwischen die restlichen Zwiebeln schälen und fein würfeln. Die Champignons putzen, große Pilze halbieren oder vierteln. Die Petersilie abbrausen, trockentupfen und fein hacken. Die Butter in einer Pfanne erhitzen und die Zwiebeln darin andünsten. Champignons zugeben und unter Rühren etwa 5 Min. dünsten. Petersilie untermengen und die Pilze mit Salz und Pfeffer abschmecken. Pilze und Karpfen auf einer großen, vorgewärmten Platte anrichten. Den Kartoffelsalat dazu reichen.

Zanderfilet
auf Linsen

Für 4 Personen

Für die Linsen:

200 g Puy-Linsen

2 Schalotten

1 Knoblauchzehe, angedrückt

3 Zweige Thymian

1 Lorbeerblatt

2 mittelgroße, fest kochende Kartoffeln

Salz

schwarzer Pfeffer aus der Mühle

30 g kalte Butter, in Stücken

Für das Sabayon:

3 frische Eigelb

3 EL Geflügel- oder Kalbsfond

4 EL Balsamico

70 g zerlassene Butter

Für den Zander:

4 küchenfertige, gleich dicke Zanderfilets mit Haut à 150 g

2 EL Olivenöl

2 Zweige Thymian

1 Knoblauchzehe, angedrückt

1 EL Butter

Die Linsen über Nacht kalt einweichen. Am nächsten Tag im Einweichwasser ohne Salz zum Kochen bringen. Die Schalotten schälen und würfeln. Gemeinsam mit Knoblauch, Thymian und Lorbeer zu den Linsen geben und diese bei schwacher Hitze etwa 30 Min. garen – sie sollten noch etwas Biss haben. Die Linsen abgießen, dabei das Kochwasser auffangen und die Würzzutaten entfernen.

Die Kartoffeln schälen, in kleine Würfel mit 3 mm Kantenlänge schneiden und im Linsenwasser weich garen. Die Kartoffelwürfel abgießen und den Sud auffangen. Linsen und Kartoffelwürfel kurz vor dem Servieren in etwas Sud erwärmen. Mit Salz und Pfeffer abschmecken. Die kalte Butter nach und nach einrühren und das Linsengemüse damit binden.

Für das Sabayon Eigelbe mit Geflügel- oder Kalbsfond und Balsamico in einer Metallschüssel über einem heißen Wasserbad cremig aufschlagen. Die Mischung zuerst bei schwacher Hitze schlagen, bis sie das gewünschte Volumen erreicht hat. Dann die Hitze etwas erhöhen, um das Sabayon zu stabilisieren. Die Schüssel aus dem Wasserbad nehmen und die zerlassene Butter in dünnem Strahl unterrühren.

Die Zanderfilets sorgfältig trockentupfen – je trockener die Haut ist, desto knuspriger wird sie beim Braten. Das Öl in einer beschichteten Pfanne erhitzen und die Filets mit der Hautseite nach unten bei mittlerer Hitze 3 Min. braten, bis der Fisch fast gar und die Haut schön knusprig ist.

Die Pfanne vom Herd nehmen, die Fischfilets salzen und wenden. Thymian, Knoblauch sowie Butter zufügen und die Fischfilets noch 1 bis 2 Min. ziehen lassen. Das Linsengemüse erneut kurz erhitzen, zusammen mit den Zanderfilets und dem Sabayon anrichten und das Ganze servieren.

Menu
Saiblingstatar
auf Schwarzbrot
Senfsuppe
Zanderfilet auf Linsen
Eisstollen
mit Hagebutten-Sauce
Wein: Prinz, Quarzit 2010
Riesling, Rheingau

Karl Valentin bekam einmal
in einem Berliner Restaurant einen
Rheinischen Sauerbraten serviert.

Sofort beschwerte er sich über die Rosinen in der Soße, da er sie für tote Fliegen hielt.

»Das sind selbstverständlich Rosinen und keine Fliegen«, klärte ihn der Kellner auf.

Worauf Valentin meinte:
»Also, Fliegen war'n mir lieber g'wesn!«

FLEISCH

Dada packmas mpfda Gmüatlichkeit,
dada mpfda mpfda Kraft und Schneid,
dada Schweinsbratn mpfda fünf Maß Bier,
dada mpfda mpfda mir san mir.

Hans Well, Biermösl Blosn

Krautwickerl

Für 4 Personen

1 kleiner Kopf Weißkohl

Salz

100 g Knödelbrot

100 ml Milch

2 Zwiebeln

200 g Kalbhackfleisch

200 g Schweinehackfleisch

1 Ei

abgeriebene Schale von ½ unbehandelten Zitrone

schwarzer Pfeffer aus der Mühle

getrockneter Majoran

1 Prise Chiliflocken

1 Prise frisch geriebene Muskatnuss

1 EL fein gehackte Petersilie

2 EL Butter

80 g Knollensellerie

½ Karotte

1 TL Puderzucker

1 EL Tomatenmark

150 ml Rotwein

250 ml Hühnerbrühe (s. Rezept S. 18)

Den Strunk des Weißkohls großzügig herausschneiden. Den Kopf mit dem Strunk nach unten kurz in kochendes Salzwasser legen. Herausnehmen und 4 große Blätter ablösen. Die Krautblätter trockentupfen und die dicken Blattrippen aus der Mitte herausschneiden. Je 2 halbe Blätter auf einem Küchentuch locker übereinanderlegen, mit einem Küchentuch bedecken und mit einem Nudelholz flachrollen.

Das Knödelbrot in der Milch einweichen. Eine Zwiebel schälen, würfeln und 2 Min. in Wasser kochen. Gut abtropfen lassen.
Das Knödelbrot ausdrücken. Beide Hackfleischsorten, Knödelbrot, Zwiebel, Ei, Senf und Zitronenschale gut vermischen. Mit Salz, Pfeffer, Majoran, Chiliflocken, Muskatnuss und Petersilie würzen.

Je ein Viertel der Füllung auf ein Krautblatt setzen. Die Längsseiten der Blätter einschlagen und die Blätter von der schmalen Seite her aufrollen. Mit Küchengarn festbinden. Die Butter in einer Pfanne erhitzen und die Krautwickerl darin rundum anbraten.

Zweite Zwiebel, Sellerie sowie Karotte schälen und sehr fein würfeln. Den Puderzucker in einem Schmortopf bei mittlerer Temperatur hell karamellisieren. Das Gemüse zugeben und darin andünsten. Tomatenmark zufügen und kurz anschwitzen. Mit einem Drittel des Rotweins ablöschen und sämig einkochen lassen. Restlichen Wein auf zwei Mal zufügen und jeweils einkochen lassen. Die Hühnerbrühe angießen, die Krautwickerl einlegen und knapp unter dem Siedepunkt halb zugedeckt etwa 45 Min. ziehen lassen. Die Wickerl herausnehmen und die Sauce mit Salz und Pfeffer abschmecken. Alles zusammen servieren. Dazu passt selber gemachtes Kartoffelpüree.

Fleischpflanzerl

Für 6 bis 8 Personen

2 altbackene Semmeln (Brötchen)
100 ml Milch
800 g Kalbhackfleisch
200 g Schweinehackfleisch
3 mittelgroße Zwiebeln
1 EL Butter
4 Eier
1–2 EL mittelscharfer Senf
abgeriebene Schale von ½ unbehandelten Zitrone
Salz
schwarzer Pfeffer aus der Mühle
edelsüßes Paprikapulver
1 TL getrockneter Thymian
1 Prise gemahlener Zimt
2 EL fein gehackte Petersilie
Öl zum Braten

Die Semmeln in der Milch einweichen. Beide Hackfleischsorten in eine große Schüssel geben. Die Zwiebeln schälen, in der Butter kurz glasig dünsten und mitsamt der Butter zum Hackfleisch geben. Die Semmeln ausdrücken und gemeinsam mit den restlichen Zutaten zufügen. Das Ganze mit beiden Händen zu einer homogen Masse verarbeiten.

Mit feuchten Händen kleine Fleischpflanzerl daraus formen. Etwas Öl in einer großen Pfanne mittelstark erhitzen. Die Pflanzerl darin portionsweise auf beiden Seiten goldbraun braten. Auf Küchenpapier abtropfen lassen.

Übrig gebliebene Fleischpflanzerl am nächsten Tag genießen - sie schmecken auch kalt sehr gut.

Rindsrouladen

Für 4 Personen

4 dünne Scheiben Rindsrouladen à 150–200 g; ideal ist Ochsenlende

Salz, schwarzer Pfeffer aus der Mühle

4 TL scharfer Senf

8 Scheiben Bauchspeck

3 Zwiebeln

4 kleine Essiggurken

1 große Karotte

2 Stangen Staudensellerie

4 EL Öl

1 EL Mehl

2 EL Tomatenmark

250 ml Rotwein

400 ml Rinderfond oder -brühe

1 Prise Cayennepfeffer

Die Rouladenscheiben auf einem großen Brett eventuell noch etwas dünn klopfen. Leicht salzen und pfeffern. Jeweils dünn mit Senf bestreichen und mit 2 Scheiben Bauchspeck belegen. 2 Zwiebeln schälen und fein würfeln, Essiggurken ebenfalls fein würfeln. Beides gleichmäßig auf den Rouladen verteilen.

Jede Roulade von der Längsseite her locker nach innen rollen. Die Querseiten leicht einschlagen und mit Zahnstochern oder Rouladenspießchen feststecken. Dritte Zwiebel sowie Karotte schälen und sehr fein würfeln. Sellerie auch sehr fein würfeln.

Das Öl in einem Schmortopf erhitzen. Die Rouladen mit Mehl bestäuben und dann im Öl rundum scharf anbraten. Salzen und pfeffern. Herausnehmen und beiseite stellen.

Die Hitze reduzieren und das Gemüse bei mittlerer Hitze andünsten. Tomatenmark einrühren und kurz anschwitzen. Nach und nach den Rotwein und den Rinderfond oder die Rinderbrühe angießen.
Die Rouladen wieder einlegen und bei schwacher Hitze zugedeckt etwa 1 Std. schmoren lassen.

Rouladen herausnehmen. Die Sauce unter Rühren kräftig aufkochen lassen. Mit Salz, Pfeffer und Cayennepfeffer abschmecken. Die Rouladen nochmals kurz in der Sauce erhitzen. Dazu passt am besten selber gemachtes Kartoffelpüree und ein Glas kräftiger Rotwein.

Rindfleisch
in Burgunder

Für 6 Personen

- 1 kg Rindfleisch aus der Schulter
- 150 g geräuchertes Wammerl (Schweinebauch)
- 12 Schalotten oder kleine Zwiebeln
- 500 g gelbe Karotten
- 500 g Stangensellerie
- 60 g Butter
- Salz, Pfeffer aus der Mühle
- 4 Zweige Petersilie
- 1 kleiner Zweig Thymian
- 1 Lorbeerblatt
- 1 EL Mehl
- 1 EL Tomatenmark
- 1 l vollmundiger Rotwein (z. B. Spätburgunder)
- 2–3 Knoblauchzehen, fein gehackt

Das Fleisch mindestens 1,5 Std. vor der Zubereitung aus dem Kühlschrank nehmen. In etwa eigroße Stücke schneiden. Das Wammerl von der Schwarte befreien und in kleine Würfel schneiden. Schalotten oder Zwiebeln schälen, aber ganz belassen. Karotten und Sellerie schälen bzw. putzen und in 5 cm lange, schmale Stücke schneiden.

Die Butter in einem Schmortopf (am besten aus Gusseisen) erhitzen. Schalotten oder Zwiebeln sowie das Wammerl 2 bis 3 Min. darin andünsten. Dabei öfter mit einem Holzkochlöffel umrühren. Das Fleisch mit Salz und Pfeffer würzen. In den Topf geben und rundherum anbraten. Karotten und Sellerie zufügen. Anschließend Petersilie, Thymian und Lorbeerblatt zugeben.

Das Ganze etwa 30 Min. schmoren lassen. Den Topfinhalt mit einem Schaumlöffel herausnehmen und warm halten.
Das Mehl in den Schmortopf sieben und unter Rühren goldgelb anschwitzen. Das Tomatenmark einrühren, ebenfalls kurz anschwitzen und mit einem Schuss Rotwein ablöschen. Mit Salz und Pfeffer würzen. Den Knoblauch dazugeben und die Mischung unter Rühren köcheln lassen, bis eine glatte Sauce entstanden ist.
Restlichen Rotwein angießen. Fleisch und Gemüse wieder in den Topf geben. Das Ganze zugedeckt etwa 2 Std. sanft köcheln lassen. Anschließend heiß servieren.

Tipp: Ich koche dieses Rezept immer am Vortag und stelle es nach 2 Std. Garzeit kühl. Am nächsten Tag lasse ich es nochmals 1 Std. köcheln. Nach Belieben kann man vor dem Servieren noch kleine frische, in Butter gedünstete Champignons und fein gehackte, frische Petersilie untermengen. Als Beilage gibt's Pellkartoffeln.

»Schade, dass man einen
Wein nicht streicheln kann.«

Kurt Tucholsky

Deutung eines allegorischen Gemäldes

Fünf Männer seh ich
inhaltsschwer –
wer sind die fünf?
Wofür steht wer?

Des ersten Wams strahlt
blutigrot –
das ist der Tod
das ist der Tod

Der zweite hält die
Geißel fest –
das ist die Pest
das ist die Pest

Der dritte sitzt in
grauem Kleid –
das ist das Leid
das ist das Leid

Des vierten Schild trieft
giftignass –
das ist der Hass
das ist der Hass

Der fünfte bringt stumm
Wein herein –
das wird der
Weinbringer sein

Robert Gernhardt

Ungarisches Gulasch

Für 4 Personen

- 800 g Rindfleisch aus der Schulter
- 250 g geräuchertes Wammerl (Schweinebauch)
- 2–3 Zwiebeln
- 1 Bund Petersilie
- 1 Zweig Thymian
- 1 Lorbeerblatt
- 2–3 vollreife Tomaten
- 50 g Butter
- Salz, Pfeffer aus der Mühle
- 1 EL rosenscharfes Paprikapulver
- 1 EL edelsüßes Paprikapulver
- 250 ml trockener Weißwein
- 150 g Crème fraîche

Das Fleisch mindestens 1,5 Std. vor der Zubereitung aus dem Kühlschrank nehmen. In walnussgroße Stücke schneiden. Das Wammerl in 1 cm große Würfel schneiden. Die Zwiebeln schälen und in Ringe schneiden. Die Petersilie waschen und die Zweige von den Stängeln zupfen. Petersilienzweige, Thymian und Lorbeer mit Küchengarn zu einem Kräutersträußchen binden. Die Tomaten auf einem Schaumlöffel einzeln in kochendes Wasser tauchen, schälen, vierteln, vom Stielansatz und den Kernen befreien.

Die Butter in einem großen Schmortopf erhitzen und das Wammerl darin goldgelb ausbraten. Fleisch und Zwiebeln dazugeben. Mit Salz und Pfeffer würzen. Mit einem Holzkochlöffel umrühren. Beide Paprikapulversorten darüberstäuben und das Ganze unter häufigem Rühren 10 bis 15 Min. im offenen Topf schmoren.

Tomatenviertel sowie Kräutersträußchen zufügen. Den Weißwein angießen und das Gulasch 1,5 Std. zugedeckt köcheln lassen. Dabei darauf achten, dass das Fleisch stets von Flüssigkeit bedeckt ist. Falls nötig, etwas Wasser oder Rinderbrühe zugeben. Das Gulasch sollte ständig köcheln.

Am Ende der Garzeit das Kräutersträußchen entfernen, den Topf vom Herd nehmen und die Crème fraîche unterziehen. Das Gulasch nochmals kurz erhitzen und mit Salz sowie Pfeffer abschmecken. Heiß servieren und frisch gekochte Salzkartoffeln dazu reichen.

Schweinegulasch

Für 6 Personen

1 kg Schweinenacken oder –schulter
1 kg Zwiebeln
2 rote Paprikaschoten
3 EL Öl
1 TL Zucker
2–3 Knoblauchzehen
2 TL mittelscharfer Senf
2 TL Tomatenmark
2 TL edelsüßes Paprikapulver
schwarzer Pfeffer aus der Mühle
Salz
3 Lorbeerblätter
5 Wacholderbeeren
½ TL gemahlener Kümmel
1 Schuss Rotwein
1 EL Crème fraîche

Das Schweinefleisch mindestens 1,5 Std. vor der Zubereitung aus dem Kühlschrank nehmen. In walnussgroße Stücke schneiden. Die Zwiebeln schälen und achteln. Die Paprikaschoten putzen, waschen, entkernen und in grobe Würfel schneiden.

Öl in einem Schmortopf erhitzen und das Fleisch darin rundum kräftig anbraten. Den Zucker einrühren. Zwiebeln und Paprikaschoten zugeben. Das Ganze unter mehrmaligem Rühren einige Min. anrösten. Dann mit 200 ml Wasser ablöschen. Die Hitze reduzieren.

Knoblauch schälen, fein hacken und unterrühren. Senf, Tomatenmark, Gewürze, Lorbeer, Wacholder und Kümmel hinzufügen. Gut umrühren und das Gulasch bei milder Hitze zugedeckt etwa 1,5 Std. köcheln lassen.

Zum Schluss Rotwein und Crème fraîche unterrühren. Das Gulasch mit Salz und Pfeffer abschmecken und heiß zu Bandnudeln oder Dampfkartoffeln servieren.

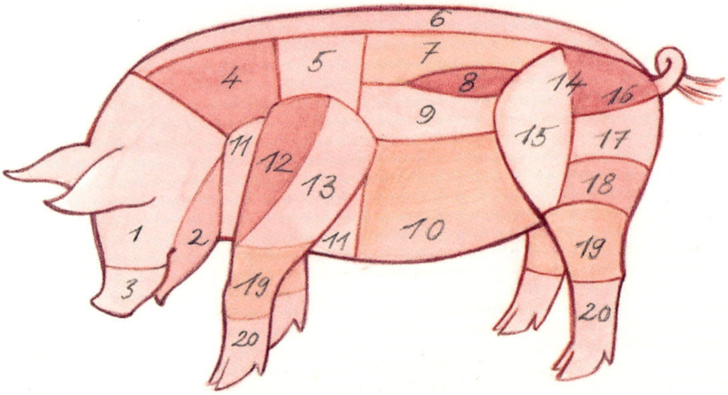

Schweinefleisch

1 Kopf
2 Kinn, Göderl
3 Rüssel
4 Hals, Halsgrat, Kamm
5 Filettkotelett, Langes Karree
6 Rückenspeck
7 Lende, kurzes Karree
8 Filett
9 Kotelett, Stielkotelett
10 Wammerl, Bauch
11 Brustspitze
12 Dicke Schulter; Schweinsbraten
13 Flache Schulter
14 Schlegel, Schinken im Ganzen
15 Nuß, Nußschinken, Maus
16 Schinkenspeck, Hüfte
17 Oberschale, Schnitzelfleisch
18 Unterschale
19 Haxe, Eisbein
20 Füße

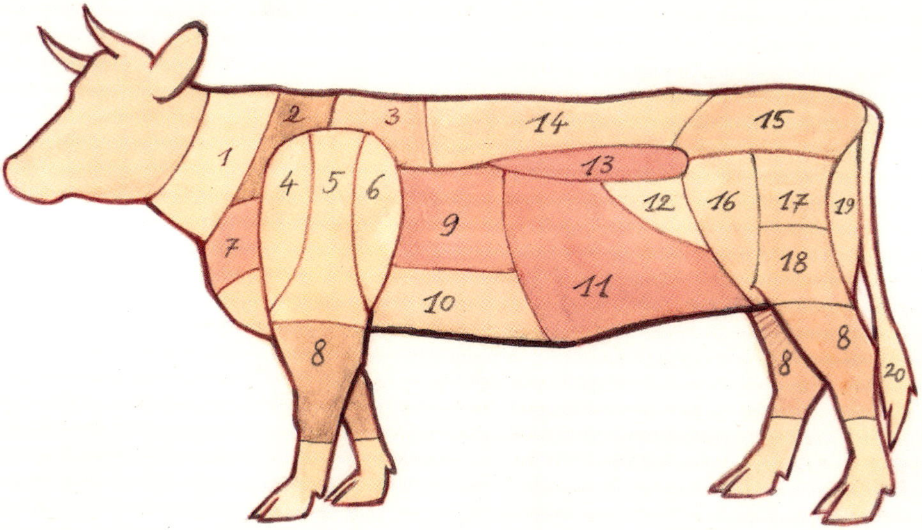

Rindfleisch

1 Hals, Nacken
2 Fehlrippe, Halsgrat
3 Hochrippe
4 Schulterspitz
5 Mittelbug, Schaufel
6 Dicker Bug
7 Brustspitze
8 Beinscheibe
9 Querrippe
10 Brust
11 Spannrippe, Dünnung
12 Bürgermeisterstück
13 Filet
14 Rücken, Roastbeef
15 Hüfte
16 Kugel, Tafelspitz
17 Oberschale
18 Unterschale
19 Schwanzrolle
20 Schwanz (Ochsenschwanz)

Katz is in d'Kuchl naus,
Valleralleri –
was tuat's denn draus?
Vallera!
Schmeißt an Befalamodtiegl um
Valleralleri – Napolium!

Gstanzl

»Samma gut gelaunt!«

Dieser schlichte Satz steht bei den „Murnauer Hobbyköchen" für höchstes Lob. Denn er besagt, dass ein spezieller Gang oder gar das ganze Menü gelungen ist, und dass das schmeckt, was da jetzt aufgetragen wird. Meistens schmeckt es sogar ausgezeichnet, denn die Herren, die sich die „Murnau Hobbyköche" nennen, haben durch ihre Passion am Herd 15 Jahre Kocherfahrung. Und misslingt wirklich einmal etwas, was immer seltener vorkommt, so spült man es mit einem guten Glas Wein hinunter, gerne mit der Bemerkung: „Hamma wieder was g'lernt."

Der Wein ist sowieso immer ausgezeichnet, dafür sorgt schon der Rudi, unser Sommelier. Ich habe wirklich einiges gelernt übers Kochen, in den zehn Jahren, in denen ich bei diesen sechs Herren mittun darf, auch wenn wir uns nur ein Mal im Monat treffen. Alle kommen aus ganz unterschiedlichen Berufen (Apotheker, Mediziner, Klimatechniker oder wie ich: Zeichner), aber wenn wir uns um den Küchentisch versammeln, Gemüse schnippeln, Kräuter zupfen oder ein Stück Fleisch parieren, so sind wir alle um eine möglichst professionelle Atmosphäre bemüht. Deshalb trägt auch jeder seine weiße Kochjacke und lässt den Alltag einen Abend lang draußen.

Wenn dann alles gut gemörsert, filetiert, püriert und passiert ist, und vom Herd schon sehr verlockende Düfte aufsteigen – „nix anbrennen lassen" ist sowieso unser Credo – dann ist es soweit, dann haben wir

uns unser 4- bis 5-gängiges Menü auch verdient. Der Rudi hat mittlerweile eine paar edle Flaschen entkorkt und wir setzen uns voller Erwartung an unsere weiß gedeckte Tafel. Es ist jedes Mal ein besonderer Augenblick. Ich glaube jeder von uns spürt das.

Es amüsiert mich, wenn ich beispielsweise in einer Glosse, von „überambitionierten Männern am Herd" lese.

Auch mich reizen solche Figuren zum Ablästern: Herren, die erst mal die Peugeot-Mahlwerke ihrer Pfeffermühlen überprüfen, dann die Garnitur ihrer Messer aus japanischen Edelschmieden ausbreiten, bevor sie gemessen an ihren Hightech-Induktionsherd mit Touchscreen schreiten, nicht ohne vorher die FLAK-Scheinwerfer eingeschaltet zu haben.

Damit haben die Hobby-Köche Murnau nichts am Hut. Wir sind kein Renommier-Club. Uns geht es vor allem um die Reize kulinarischer Erfahrungen. Doch möchten wir dabei auch unsere bayrisch-barocke Lebensart pflegen. Das heißt jedoch nicht, dass unsere Rezeptauswahl ausschließlich aus der bayrischen Küche stammt. Im Gegenteil, auch wenn wir bayrisch reden, in unsere Küche laden wir kulinarisch gerne die ganze Welt ein, und an Weihnachten immer unsere Frauen. Da werden sie dann von uns bekocht und mit dem Besten verwöhnt, was wir das Jahr über in unserer Hobby-Küche entdeckt und gekostet haben.

Kater, fangst koa Maus, schmeiß i di naus!
Schmeiß i di heit glei naus un morgen glei wieder naus.
Mistviech, fauls! Kater fangst koa Maus
Schmeiß i di naus!

Bayrisches Kinderlied, Zwiefacher

Wiener Schnitzel

Für 4 Personen

- 4 dünne Kalbsschnitzel aus der Oberschale à 150–200 g
- Salz
- schwarzer Pfeffer aus der Mühle
- 4 EL Mehl
- 3 kleine Eier
- 2 EL geschlagene Sahne
- 150 g Semmelbrösel
- Butterschmalz zum Ausbacken
- 4 EL eingemachte Preiselbeeren
- 2 Zitronen

Die Schnitzel leicht klopfen und mit Salz und Pfeffer würzen. Mehl in einen Suppenteller geben. Die Eier kräftig verquirlen und die geschlagene Sahne unterziehen. Die Semmelbrösel ebenfalls in einen Suppenteller geben.

Reichlich Butterschmalz in einer Pfanne mittelstark erhitzen. Die Schnitzel zuerst in Mehl wenden, dann durch die Ei-Sahne-Mischung ziehen und zuletzt in Semmelbröseln wälzen.

Die Schnitzel auf jeder Seite 5 Min. knusprig ausbacken, dabei die Pfanne stets leicht schwenken, damit das Fett über das Fleisch läuft. Nur einmal wenden. Auf Küchenpapier abtropfen lassen.

Auf 4 vorgewärmte Teller verteilen. Je 1 Esslöffel Preiselbeeren zufügen. Die Zitronen längs vierteln und je 2 Schnitze neben ein Schnitzel legen. Dazu gibt's Kartoffelsalat (s. Rezept S. 63).

Küchenlatein: Die geschlagene Sahne in den verquirlten Eiern sorgt dafür, dass die Panade herrlich knusprig wird. Beim Butterschmalz bitte nicht sparen, die Schnitzel müssen schwimmend ausgebacken werden.

Gebackene Leber

Für 4 Personen

- 4 Scheiben Schweineleber à 100 g
- schwarzer Pfeffer aus der Mühle
- 1 TL frisch gehackter Thymian oder ½ TL getrockneter Thymian
- Mehl zum Wenden
- 1 verquirltes Ei
- Semmelbrösel zum Wenden
- Rapsöl zum Ausbacken
- Salz

Die Leberscheiben in Alufolie einschlagen und leicht klopfen. Pfeffern und mit Thymian bestreuen. Die Scheiben in Mehl wenden, durch das verquirlte Ei ziehen und dann in Semmelbröseln wälzen.

Öl in einer großen Pfanne mittelstark erhitzen. Die Leberscheiben darin pro Seite in 2 bis 3 Min. knusprig ausbacken. Auf Küchenpapier kurz abtropfen lassen und leicht salzen. Sofort servieren.
Dazu schmecken die Bratkartoffeln von Seite 62 sehr gut.

Ein Mensch, der sich ein Schnitzel briet,
Bemerkte, daß ihm das missriet.
Jedoch, da er es selbst gebraten,
Tut er, als wär es ihm geraten,
Und, um sich nicht zu strafen Lügen,
Ißt ers mit herzlichem Vergnügen.

Eugen Roth

Tafelspitz
mit Apfelkren

Für 6 Personen

Für den Tafelspitz:

1,5 kg Tafelspitz (Bürgermeister- bzw. Schwanzstück vom Rind)

1 Bund Suppengrün

1,5 l Fleischbrühe (s. Rezept S. 16)

Für den Apfelkren:

4 säuerliche Äpfel

Saft von 1 Zitrone

1 Spritzer Apfelessig

2–3 EL Zucker

300 g frischer Kren (Meerrettich)

Den Tafelspitz in einen großen Topf geben. Das Suppengrün putzen, waschen und grob zerkleinern. Ebenfalls in den Topf geben. Die Fleischbrühe zufügen, einmal aufkochen lassen, abschäumen und anschließend das Fleisch zugedeckt bei mittlerer Hitze 2,5 Std. sanft köcheln lassen.

Kurz vor Ende der Garzeit des Tafelspitz die Äpfel schälen, vom Kerngehäuse befreien und das Fruchtfleisch sehr fein reiben. Sofort mit dem Zitronensaft vermischen, damit es nicht braun wird. Das Apfelmus mit Essig und Zucker abschmecken. Den Kren schälen und fein reiben. Gleichmäßig unter die Masse rühren. Den Apfelkren kurz durchziehen lassen.

Tafelspitz herausnehmen, entgegen der Fleischfaser in Scheiben schneiden und auf einer vorgewärmten Platte anrichten. Den Apfelkren dazu reichen. Als Beilage eignen sich Bratkartoffeln (s. Rezept S. 62) und Spinat. Die Brühe kann man mit einer Einlage wie Grießnockerl (s. Rezept S. 19) als Vorspeise servieren.

Saures Lüngerl

Für 4 Personen

800 g Kalbslunge
1 Bund Suppengrün
1 Zwiebel
Salz
5 schwarze Pfefferkörner
3 Lorbeerblätter
4 EL Weinessig
2 EL Butter
1 EL Mehl
1 TL Zitronensaft
3 EL Weißwein
2 Msp. weißer Pfeffer
125 g Sauerrahm

Die Lunge gründlich waschen. Das Suppengrün waschen, putzen bzw. schälen und in kleine Stücke schneiden.

Die Zwiebel schälen und achteln. 1,5 l Salzwasser gemeinsam mit Pfefferkörnern, Lorbeer, Essig, Suppengrün und Zwiebel zum Kochen bringen. Die Lunge einlegen und 1 Std. leise köcheln lassen. Zu Beginn mehrmals abschäumen. Die Lunge herausnehmen, abtropfen lassen, zwischen 2 Küchenbretter legen, mit einem Gewicht (z. B. 2 1-kg-Packungen Mehl) beschweren und 12 Std. lang pressen.

500 ml vom Kochsud abseihen. Die Lunge in mitteldicke Streifen schneiden. Die Butter erhitzen und das Mehl darin unter Rühren hellgelb anschwitzen. Nach und nach den Kochsud angießen. Den Sud unter Rühren 10 Min. kochen lassen. Mit Zitronensaft, Weißwein, Pfeffer und Salz würzen. Die Lungenstreifen zufügen und das Ganze nochmals 15 Min. köcheln lassen. Zum Schluss den Sauerrahm untermischen. Zum Lüngerl Semmelknödel (s. Rezept S. 57) reichen.

Bayrisches Bierfleisch

Für 4 Personen

800 g Rindfleisch aus der Schulter

2 Zwiebeln

2 Knoblauchzehen

2 Karotten

½ Knollensellerie

1 Stange Lauch

2 EL Butterschmalz

1 EL Mehl

1 TL getrockneter Thymian

1 Prise getrockneter Liebstöckel

Salz

schwarzer Pfeffer aus der Mühle

Zucker

1 EL Weinessig

500 ml dunkles Bier

4 fest kochende Kartoffeln

Das Fleisch in mittelgroße Würfel schneiden. Zwiebeln und Knoblauch abziehen und fein hacken. Karotten schälen und in grobe Stücke schneiden. Sellerie ebenfalls schälen und fein würfeln. Lauch putzen, gut waschen und in grobe Ringe schneiden.

Den Backofen auf 175 °C vorheizen. Die Hälfte des Butterschmalzes in einem feuerfesten Schmortopf erhitzen. Das Fleisch darin portionsweise rundum scharf anbraten. Herausheben und beiseite stellen. Restliches Fett in den Topf geben und Zwiebeln sowie Knoblauch darin andünsten. Mit Mehl bestäuben. Das Fleisch wieder in den Topf geben. Gemüse und Kräuter zufügen. Mit Salz, Pfeffer und Zucker würzen. Den Weinessig unterrühren und das Bier angießen. Den Schmortopf verschließen und auf der unteren Einschubleiste in den Ofen stellen. Das Fleisch etwa 1,5 Std. schmoren lassen.

Die Kartoffeln schälen und vierteln. Unter das Fleisch mengen. Das Ganze nochmals mit Salz und Zucker abschmecken und kräftig pfeffern. Den Topf wieder verschließen und das Bierfleisch weitere 30 Min. garen, bis die Kartoffeln weich sind.

Bayrischer Schweinsbraten

Für 6 Personen

2 kg Schweineschulter mit Schwarte

Salz, schwarzer Pfeffer aus der Mühle

2 EL Schweineschmalz

2 Knoblauchzehen

1 TL Kümmel

1 EL weiche Butter

500 ml dunkles Bier

Das Fleisch kalt abspülen und trockentupfen. Die Schwarte mit einem sehr scharfen Messer rautenförmig einschneiden, dabei nicht zu tief schneiden, damit das Fleisch unter der Schwarte nicht beschädigt wird. Die Schweineschulter rundum kräftig mit Salz und Pfeffer einreiben.

Den Backofen auf 220 °C vorheizen. Das Schmalz in einem feuerfesten Bräter erhitzen. Das Fleisch mit der Schwarte nach unten hineinlegen und mit 250 ml heißem Wasser übergießen. Den Bräter in den Ofen schieben und das Fleisch 15 Min. auf der Schwartenseite anbraten.

Backofentemperatur auf 180 °C reduzieren. Das Fleisch wenden und etwa 2 Std. braten lassen. Zwischendurch heißes Wasser angießen, damit der Braten nicht ansetzt.

Knoblauchzehen schälen und fein hacken. Den Kümmel im Mörser zerstoßen. Mit Knoblauch und Butter vermengen. Die Kruste des Bratens 30 Min. vor Ende der Garzeit mit der Mischung bestreichen. Den Ofen in den letzten 20 Min. auf Oberhitze einstellen und den Braten mehrmals mit Bier begießen.

Den Schweinsbraten aus dem Ofen nehmen und 10 Min. ruhen lassen.

Anschließend in Scheiben schneiden, mit Bratenfond übergießen und zusammen mit Semmelknödeln (s. Rezept S. 57), Sauerkraut (s. Rezept S. 65) oder Krautsalat (s. Rezept S. 65) servieren.

Ja so a Wasserschnoiz'n
guat buttad und g'salzn,
I iß' alle Tag
Ja weil i's gern mag.

Gaststätte zu
A guade Bedienung
geht nia laar.

Dös beste Bier hab i, was ma weit und breit findt - aber i kimm net zum Sauffa weil mei Buzi net kimmt

Wirtshaus
Zum Bürstenbinder
Kallmünz
Bei Hochwasser geschlossen!

GEGR. 1589
AUGSBURG
FUCHSBRÄU
Beilngries Opf.
Kuchlbauer
SEIT 1300
Abensberg
Engelbräu
Rettenberg
H. WIDENMAYER
TEL. 207
BRAUEREI MONDSCHEIN
ICHENHAUSEN
BRAUEREI UNTERKRIEGER
Qualitäts-Biere
RIEDENBURG
Drückt Dich ein Kummer, plagt Dich ein Schmerz,
trink a' Maß
Auer
und leichter wird's Herz!
Pappenheim
L. Hummel
Löwen-Bräu
Schwabthal
BRAUEREI ZUR SONNE
seit 1630
SCHEPPACH/SCHW.
Brauerei Kneitinger
Regensburg
Seit 1530
G. SCHNEIDER & SOHN
MÜNCHEN
LAUMER

FRITZ KUSSWETTER
Karlstadt a.M. Bayern
Drachselsried bay. Wald
Engel-Brauerei
RÖCKINGEN
AM HESSELBERG
ADLERBRÄU
FRECHENRIEDEN
LÖWENBRÄU
MÜNCHEN
GROSSE PREISE DER WELTAUSSTELLUNGEN
HACKERBRÄU
MÜNCHEN
BRÜSSEL · TURIN · LÜTTICH · BARCELONA
MÜNCHNER BIER
Löwen-Bräu
HENNEMANN
Stublang
BÜRGERLICHES BRAUHAUS
BLEIBE DEINER HEIMAT TREU TRINKE FALTER'S BÜRGERBRÄU
REGEN
WOLF-BIERE
FUCHSSTADT bei Würzburg
Immer vorzüglich
STORCHENBRAUEREI
SEIT 1636
KEMPTEN
BRAUEREI RÖHRER
ESCHENBACH-OPF.
Lammbräu Eltmann
Franz Engel
SEIT 1500
Roß-Brauerei
Wiedemann
Krumbach
Walfischbräu Th. Wörtmann
hassfurt
a. Main
SCHLOSSBRAUEREI AU
HALLERTAU
1793
Jurakrone

Gebratene Gans
mit Blaukraut

Für 4 Personen

Für das Blaukraut:

1 kg Rotkohl

80 g Butter

2 TL Puderzucker

Salz

4 EL Apfelessig

80 g Johannisbeergelee

80 g geriebener Apfel

Für die Gans:

1 küchenfertige Gans (ca. 3,5 kg)

schwarzer Pfeffer aus der Mühle

200 g grob gewürfelte Äpfel

100 g grob gewürfelte Zwiebeln

150 g Backpflaumen

1 EL gerebelter Beifuß

Das Blaukraut am Vortag zubereiten, damit es gut durchziehen kann. Den Krautkopf putzen, vom Strunk befreien und sehr fein schneiden. Die Butter in einem großen Topf erhitzen und den Puderzucker darin hellgelb karamellisieren. Das Kraut zufügen und unter Rühren kurz anschwitzen. Mit 1 Teelöffel Salz würzen und mit 125 ml Wasser ablöschen. Den Essig einrühren und das Kraut bei milder Hitze zugedeckt etwa 2 Std. schmoren lassen. 10 Min. vor Garende das Gelee und den geriebenen Apfel untermischen. Abkühlen lassen und im geschlossenen Topf über Nacht kühl stellen.

Den Backofen auf 180 °C vorheizen. Die Gans innen und außen kalt waschen und sorgfältig trockentupfen. Rundum kräftig mit Salz und Pfeffer einreiben. Äpfel, Zwiebeln, Backpflaumen sowie Beifuß vermengen und in die Bauchhöhle füllen. Die Bauchöffnung mit Küchengarn zunähen. Die Halshaut über das Rückgrat stülpen und mit einem Holzstäbchen feststecken. Die Gans auf das Rostgitter des Ofens legen und eine flache Pfanne darunterstellen, um das abtropfende Fett aufzufangen. Die Gans 2,5 bis 3 Std. braten. Zur Garprobe mit einem kleinen, scharfen Messer in die Keule stechen. Ist der austretende Saft noch leicht rosa, weitere 5 bis 10 Min. braten. Ist der Saft hellgelb, die Gans im abgeschalteten Ofen noch 15 Min. ruhen lassen. Inzwischen das Blaukraut erhitzen. Die Gans herausnehmen, Küchengarn und Holzstäbchen entfernen. Die Füllung ebenfalls entfernen, sie hat ihren Geschmack abgegeben und dabei zu viel Fett aufgenommen. Die Gans tranchieren und dann zusammen mit Blaukraut und Brezenknödeln (s. Rezept S. 58) servieren.

Allgäuer Brathähnchen

Für 4 Personen

- 1 altbackene Semmel (Brötchen)
- 125 ml warme Milch
- Salz, Pfeffer aus der Mühle
- 1 EL fein gehackte Rosmarinnadeln
- 2 küchenfertige Hähnchen (à ca. 1,2 kg)
- 160 g Butter
- 1 Scheibe Weißbrot, gewürfelt
- ½ Zwiebel, gewürfelt
- 2 Knoblauchzehen, fein gehackt
- 50 g durchwachsener Speck, gewürfelt
- 50 g Hühnerleber, gehackt
- 1 Ei
- 125 g Allgäuer Emmentaler, gewürfelt
- 3 EL frisch gehackte Kräuter (Basilikum, Kerbel, Petersilie)

Die Semmel in der warmen Milch einweichen. Den Backofen auf 200 °C vorheizen. Salz, Pfeffer und Rosmarin vermengen und die Hähnchen innen und außen sorgfältig mit der Mischung einreiben.

20 g Butter erhitzen und die Weißbrotwürfel darin goldbraun braten. In einer zweiten Pfanne erneut 20 g Butter erhitzen und Zwiebel, Knoblauch sowie Speck darin anschwitzen. Die Hühnerleber für 1 Min. dazugeben, dann die Pfanne vom Herd nehmen.

Die Semmel ausdrücken und in eine Schüssel geben. Speckmischung, Weißbrotwürfel, Ei, Käse sowie 2 Esslöffel Kräuter zufügen. Das Ganze gründlich vermengen und mit Salz und Pfeffer würzen.

Die Füllung esslöffelweise in die Bauchhöhle der Hähnchen geben. Die Hähnchen dabei nicht zu stramm füllen. Die Bauchhöhlen mit Zahnstochern oder Küchengarn verschließen. Die Hähnchenschenkel am Gelenk zusammenbinden. 100 g Butter erhitzen und die beiden Hähnchen rundherum damit bestreichen. Nebeneinander in einen Bräter legen und etwa 40 Min. im Ofen garen.

Gegen Ende der Bratzeit die restliche Butter erhitzen und über die Hähnchen gießen. Mit den restlichen Kräutern bestreuen.

Den Ofen ausschalten und die Hähnchen bei halb offener Backofentüre noch 10 Min. ruhen lassen. Herausnehmen, mit einem schweren Messer oder einer Geflügelschere halbieren und die Hähnchenhälften auf frisch mariniertem Kopfsalat servieren.

Kalbsvögerl
mit Feldsalat

Für 4 Personen

Für die Kalbsvögerl:

4 dünne Scheiben Kalbfleisch aus der Haxe à ca. 120 g

Salz

schwarzer Pfeffer aus der Mühle

1 TL milder Senf

250 g Kalbsbrät

1 Ei

1 EL fein gehackte Petersilie

150 g Lauch

150 g Karotten

1 Zwiebel

3 EL Öl

500 ml Kalbsfond

1 Lorbeerblatt

2 Gewürznelken

4 Pfefferkörner

200 ml Weißwein

75 g durchwachsener Speck, in dünnen Scheiben

2 TL Kapern

Für den Feldsalat:

200 g Feldsalat

1 kleine Zwiebel

75 g durchwachsener Speck

3 hart gekochte Eier

1 Knoblauchzehe

3 EL weißer Balsamico

2 EL Orangensaft

Öl

1 Prise Zucker

Die Fleischscheiben mit Salz sowie Pfeffer würzen und dünn mit Senf bestreichen. Das Brät mit Ei und Petersilie vermengen und auf den Fleischscheiben verstreichen. Die Scheiben quer aufrollen und mit Küchengarn binden.

Lauch putzen, waschen und kleinschneiden. Karotten und Zwiebel schälen und fein würfeln. Das Öl in einem Schmortopf erhitzen und die Rouladen darin rundum scharf anbraten. Herausnehmen und das Gemüse im Öl andünsten. Die Rouladen wieder zugeben. Den Fond angießen und Lorbeer, Gewürznelken sowie Pfefferkörner zufügen. Die Rouladen zugedeckt etwa 30 Min. schmoren lassen. Den Weißwein nach und nach zugeben. Den Speck in einer Pfanne ausbraten. Die Rouladen aus dem Topf nehmen und die Schmorflüssigkeit durch ein feines Sieb passieren. Die Sauce mit Salz und Pfeffer abschmecken und die Kapern unterrühren. Über die Kalbsvögerl gießen und den knusprigen Speck auf das Fleisch legen.

Während die Rouladen schmoren, den Feldsalat zubereiten. Den Salat putzen, zwei Mal gründlich waschen und trockenschleudern. In eine Schüssel füllen. Die Zwiebel schälen und in dünne Ringe chneiden. Zum Salat geben. Den Speck fein würfeln und knusprig braten. Auf Küchenpapier abtropfen lassen, das Speckfett aufheben. Die Eier schälen und achteln. Knoblauchzehe schälen und fein hacken. Mit Balsamico, Orangensaft, Öl, Speckfett, Zucker, Salz und Pfeffer verrühren. Die Marinade über den Salat gießen, Speckwürfel zufügen und das Ganze gut vermischen. Den Salat mit Ei-Achteln garnieren und zu den Kalbsvögerl reichen.

Küchenlatein: Kalbsvögerl werden in Bayern kleine Rouladen genannt. Das Fleisch dafür stammt aus der Kalbshaxe und wird in 5 mm dicke Scheiben geschnitten.

Paprikahuhn

Für 4 Personen

1 küchenfertiges Brathuhn von bester Qualität (ca. 1,2 kg)

Salz

schwarzer Pfeffer aus der Mühle

edelsüßes Paprikapulver von bester Qualität

50 g Butter

2 mittelgroße Schalotten

1 TL Speisestärke

400 ml Geflügelfond

150 g Sauerrahm

2 EL Schnittlauchröllchen

Das Huhn vollständig enthäuten und in 6 Teile (Schenkel, Flügel, Brust und Rücken) schneiden. Die Hühnerteile rundum mit Salz und Pfeffer einreiben. Mit Hilfe eines kleinen Haarsiebs mit Paprikapulver bestäuben.

Die Butter in einem Schmortopf mittelstark erhitzen. Die Hühnerteile darin portionsweise rundum gut anbraten, dabei jedoch nicht zu stark bräunen. Die Hitze reduzieren, alle Hühnerteile in den Topf geben, den Deckel auflegen und das Fleisch bei milder Hitze 35 bis 40 Min. garen. Es sollte so weich sein, dass es sich fast von den Knochen löst.

Die Schalotten abziehen und fein würfeln. Die Hühnerteile aus dem Topf nehmen und den Bratenfond erhitzen, bis er leise köchelt. Die Schalotten darin anschwitzen. Einen guten Esslöffel Paprikapulver sowie die Speisestärke darübersieben und beides kurz köcheln lassen. Mit Geflügelfond ablöschen, gut umrühren und die Flüssigkeit etwa 5 Min. einkochen lassen.

Den Topf vom Herd nehmen und den Sauerrahm unterziehen. Die Sauce mit Salz und Pfeffer abschmecken. Die Hühnerteile wieder einlegen und in der Sauce erhitzen, die keinesfalls mehr kochen darf, sonst gerinnt der Sauerrahm. Das Ganze mit Schnittlauch bestreuen und servieren. Dazu passt frisch gekochter Reis oder selbst gemachte Spatzen (s. Rezept S. 59) sowie ein grüner Salat.

Küchenlatein: Wie bei allen Rezepten, so ist auch hier die Qualität der Zutaten ausschlaggebend. Kaufen Sie das Huhn möglichst bei einem Geflügelhändler Ihres Vertrauens, der frische Bio-Ware anbietet. Auch das Paprikapulver sollten Sie im Fachhandel erwerben, Paprikapulver aus dem Supermarkt hat häufig einen nahezu modrigen Geschmack, der Ihnen die Sauce verderben kann.

Auf dera buckligen Welt
draht si allsamt ums Geld.
Und um die Weiba de schen,
draht e si a no a weng.

Roider Jackl

FRESS

NARKOSE

In Bezug auf Watten

… gibt es nur dreierlei Menschen. Die einen, die Watten können, die andern, die es nicht können und dann noch die, die es nie lernen. Man muss eigentlich damit aufgewachsen sein.

Einerseits ist Watten ein einfaches, andererseits ein hoch komplexes Spiel, das auf unkundige Zuschauer einen durchaus irrationalen Eindruck macht. Das geht schon beim Ansagen der Trümpfe los und wird durch regionale Unterschiede bei den Bezeichnungen erschwert.

Der Max (Herzkönig), der Belle oder Bölle (Schelln-Siebner) und der Spitz, auch Soacher oder Soachl (Eichel-Siebner) sind die drei Kritischen und über „diese Drei" kommt man mit keiner anderen Karte, egal, was gerade angesagt wird.

Die drei „Kritischen" werden nicht angesagt. Ja nicht! Hat man einen von ihnen, freut man sich still und „deutet" ihn höchstens unauffällig seinem Partner an. Denn nach dem Ansagen kommt das „Andeuten", auch Mucken genannt.

Das Andeuten erfolgt in einer subtilen Körpersprache, wobei man seinem Spielpartner unauffällig den Wert der eigenen Karten mitzuteilen versucht. Dieser Code kann nur von Eingeweihten entschlüsselt werden. Man kann auch durch geschicktes Bluffen (z. B. falsches Andeuten) das Spiel hochreizen, um so die Punktezahl zu erhöhen. Wer aber beim Andeuten erwischt wird, wird mit einem Punktabzug g'straft. Die einfachen Grundregeln dieses Spiels werden ständig durch subtile psychologische Regeln überlagert. Doch erst dadurch bekommt das Spiel seinen Reiz und seinen hohen Unterhaltungswert.

Watten ist nichts für harte Zocker, weil man hier nicht um Geld spielt – man wattet eine Maß aus. Die kommt gleich zu Beginn des Spiels auf den Tisch. Wer verliert, zahlt das Bier. Es braucht aber eine gnadenlose Wachheit, die im Kampf gegen das beim Watten obligatorische Bier hochgehalten werden muss.

Der Name „Watten" entstand vermutlich aus dem französischen Begriff „va tout" was so viel heißt wie „letzter Trumpf".

Diese Choreographie aus Hintersinn, ja sogar Hinterfotzigkeit, aber auch aus Charme und Witz, die diesem Spiel innewohnt, ist Ausdruck einer bayrischen Wesensart, weil: „ Hund samma scho."

Kaninchen
mit Kräuter-Senf-Sauce

Für 4 Personen

- 4 Kaninchenkeulen à 180 g
- Salz
- schwarzer Pfeffer aus der Mühle
- 300 g kleine, runde Schalotten
- 4 EL Öl
- 150 ml trockener Sekt oder Champagner
- 400 ml Geflügelfond
- 600 g kleine, fest kochende Kartoffeln
- 400 g Zuckerschoten
- ½ Bund Kerbel
- ½ Bund Dill
- ½ Bund Estragon
- 200 g fettarme Crème fraîche
- 1 EL Dijonsenf
- 1 EL körniger Senf
- ½ TL Kurkuma
- 2 TL Speisestärke
- 3 EL Olivenöl

Kaninchenkeulen mit Salz und Pfeffer würzen. Die Schalotten schälen. Das Öl in einem Bräter erhitzen. Keulen und Schalotten darin rundum hellbraun anbraten. Mit 100 ml Sekt oder Champagner ablöschen und den Fond angießen. Die Keulen zugedeckt bei mittlerer Hitze etwa 1 Std. schmoren.

Inzwischen die Kartoffeln in der Schale in Salzwasser 12 bis 15 Min. garen. Abgießen, ausdampfen lassen und noch warm schälen. Zuckerschoten putzen, waschen und schräg halbieren.

Für die Sauce die Kräuter waschen, trockenschleudern und fein hacken. Mit Crème fraîche, beiden Senfsorten, Kurkuma und Speisestärke verrühren. Mit Salz und Pfeffer würzen.

10 Min. vor Garende der Keulen das Olivenöl in einer Pfanne erhitzen. Kartoffeln und Zuckerschoten darin 8 bis 10 Min. anbraten. Salzen und pfeffern. Die Kaninchenkeulen aus dem Fond nehmen. Diesen aufkochen lassen und die Kräutercreme mit einem Schneebesen einrühren. Die Sauce aufkochen, mit Salz, Pfeffer und restlichem Sekt oder Champagner abschmecken. Die Keulen zusammen mit der Sauce und dem Kartoffel-Zuckerschoten-Gemüse anrichten.

Menu
Kohlrabisuppe mit Zuckerschoten-Pesto
Kaninchen mit Kräuter-Senf-Sauce
Anitas Apfelstrudel
Weine: »Tiefenbrunner«, Sauvignion 2010
Schlosskellerei Turmhof Srl., Kurtatsch, Südtirol
»Loam«, Merlot Cabernet 2007
Cantina Tramin, Südtirol
»Nussbaumer«, Gewürztraminer 2007
Cantina Tramin, Südtirol

Und ‘s Gams im Gebirg
hat scho abapfiff‘n
Wanns a Bleikügerl habts
tuats mas auffaschick‘n!

Wild

Hasenrücken
mit Gemüsesauce

Für 4 Personen

1,2 kg Wildhasenrücken

120 g durchwachsener Speck

100 g Karotten

60 g Knollensellerie

4 Schalotten

100 g Lauch

Salz

weißer Pfeffer aus der Mühle

2 EL Öl

500 ml dunkler Wildfond (aus dem Glas oder selber gemacht)

1 Msp. Speisestärke

Den Hasenrücken auf der Fleischseite von Sehnen und Häuten befreien. Auf beiden Seiten des Rückgrats etwa ½ cm tief einschneiden. Den Speck in feine Würfel schneiden. Das Gemüse waschen und putzen bzw. schälen. Karotten, Sellerie und Schalotten fein würfeln, Lauch in feine Ringe schneiden.

Den Backofen auf 180 °C vorheizen. Das Fleisch mit Salz und Pfeffer würzen. Das Öl in einem feuerfesten Bräter erhitzen. Den Rücken mit der Fleischseite nach unten darin anbraten. Anschließend wenden. Speck und Gemüse hinzufügen. Den Bräter in den Ofen schieben und das Fleisch 20 bis 25 Min. garen, dabei das Gemüse öfter wenden. Den Hasenrücken herausnehmen und in Alufolie einschlagen. Den Bräter auf eine heiße Herdplatte stellen und den Bratensatz mit Wildfond ablöschen. Auf etwa die Hälfte einkochen lassen. Die Speisestärke mit etwas kaltem Wasser glattrühren und die Saue damit binden.

Das Fleisch portionsweise vom Knochen lösen, jeweils mit etwas Sauce übergießen und zusammen mit Brezenknödeln (s. Rezept S. 58) servieren.

Rebhuhn
mit Weinsauerkraut

Für 4 Personen

Für das Weinsauerkraut:

1 mittelgroße Schalotte

½ säuerlicher Apfel

50 g Schweineschmalz

500 g Sauerkraut aus dem Fass

300 ml trockener Sekt oder Prosecco

Salz

schwarzer Pfeffer aus der Mühle

Gewürzsäckchen mit 1 Lorbeerblatt, 2 Wacholderbeeren und ½ Knoblauchzehe

1 kleine, rohe Kartoffel

Für die Rebhühner:

4 küchenfertige, junge Rebhühner mit Innereien

5 EL kalt gepresstes Olivenöl

100 ml roter Portwein

500 ml Geflügelfond

1 Thymianzweig

1 Lorbeerblatt

1 zerdrückte Wacholderbeere

Speisestärke

100 g weiße Weintrauben

100 ml heller Traubensaft

40 g geklärte Butter

Für das Kraut Schalotte und Apfel schälen und in dünne Scheiben schneiden. Das Schweineschmalz in einem Topf erhitzen. Schalotten- und Apfelscheiben darin andünsten. Das Sauerkraut gut ausdrücken und dazugeben. Mit Sekt oder Prosecco ablöschen. Mit Salz und Pfeffer würzen. Das Gewürzsäckchen zufügen. Das Sauerkraut bei milder Hitze zugedeckt etwa 1,5 Std. köcheln lassen. 15 Min. vor Garende die rohe Kartoffel hineinreiben. Das Gewürzsäckchen entfernen und das Kraut nochmals mit Salz und Pfeffer abschmecken.

Während das Kraut kocht, Flügel, Hals, Leber, Herz und sonstige Abschnitte der Rebhühner im Olivenöl kräftig anbraten. Mit Portwein ablöschen. Geflügelfond angießen, Thymian, Lorbeer sowie Wacholder zugeben und das Ganze 30 Min. stark köcheln lassen. Danach durch ein feines Sieb passieren. Die Sauce warm halten und kurz vor dem Servieren mit etwas in Wasser angerührter Speisestärke binden.

Die Weintrauben enthäuten und entkernen. Den Traubensaft einkochen lassen und die Trauben kurz darin ziehen lassen. Den Backofen auf 220 °C vorheizen. Die Rebhühner salzen und pfeffern. Die geklärte Butter in einer Kasserolle erhitzen und die Rebhühner rundum darin anbraten. Die Kasserolle in den Ofen stellen und die Rebhühner in etwa 12 Min. fertig garen. Zum Anrichten die Weintrauben über das Kraut geben. Die Rebhühner jeweils mit Sauce überziehen.

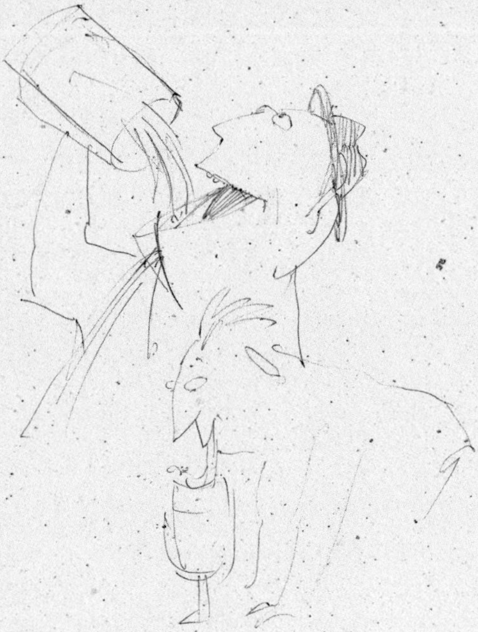

Bei mia z' haus, bin i nia z' haus,
aba im Wirtshaus, bin i wia z' haus.

Rinnerspitze
1877
Hirsch
HIRSCH BR

Wildschweinragout
mit Rosmarinkartoffeln

Für 6 Personen

Für das Wildschweinragout:

1,2 kg Wildschweinfleisch aus der Schulter

1 Karotte

1 Stangensellerie

2 Knoblauchzehen

4 EL Olivenöl

Salz

schwarzer Pfeffer aus der Mühle

1 getrocknete Chilischote

1 EL gehackte Petersilie

1 EL gehackter Thymian

250 ml trockener, kräftiger Rotwein

600 g vollreife Tomaten (ersatzweise geschälte Tomaten aus der Dose)

250 ml Wildfond

Für die Rosmarinkartoffeln:

2 kg kleine, neue Kartoffeln

50 g Butter

1–2 Rosmarinzweige

Für das Ragout das Fleisch in mundgerechte Stücke schneiden, dabei von etwaigen Sehnen befreien. Karotte und Sellerie schälen bzw. putzen und in grobe Stücke schneiden. Knoblauchzehen abziehen und fein hacken.

Das Olivenöl in einem großen Bräter erhitzen und den Knoblauch darin glasig dünsten. Das Fleisch dazugeben und etwa 10 Min. kräftig anbraten. Mit Salz und Pfeffer würzen. Karotte, Sellerie, Petersilie und Thymian unterrühren. Chilischote hacken und zufügen. Den Rotwein angießen und das Ganze offen köcheln lassen, bis der Wein verdampft ist.

Inzwischen die Tomaten mit kochend heißem Wasser überbrühen, enthäuten, entkernen und das Fruchtfleisch würfeln. Zum Fleisch geben und das Ragout zugedeckt etwa 2 Std. köcheln lassen. Dabei nach und nach den Wildfond zufügen.

Etwa 45 Min. vor Garende des Ragouts die Kartoffeln unter fließendem Wasser gründlich abbürsten und in kochendem Wasser weich garen. Anschließend kalt abschrecken und gut abtropfen lassen.

Die Butter in einer großen Pfanne erhitzen und die Kartoffeln darin kurz anbraten. Kräftig salzen. Rosmarinzweige zerbrechen und zufügen.

Das Ragout mit Salz und Pfeffer abschmecken. Das Fleisch zusammen mit den Kartoffeln auf 6 vorgewärmten Tellern anrichten. Die Sauce durch ein Sieb passieren und über das Fleisch gießen.

Rehragout
mit Apfelgratin

Für 6 Personen

Für den Wildfond:

2 kg Rehknochen und -abschnitte

200 g Karotten

200 g Knollensellerie

500 g Zwiebeln

2 EL Öl

3 EL Tomatenmark

1 l trockener Rotwein

10 weiße Pfefferkörner

2 Nelken

3 Pimentkörner

1 Lorbeerblatt

5 Wacholderbeeren

2 Thymianzweige

Für das Apfelgratin:

1,5 kg feste, säuerliche Äpfel

Butter für die Form

2 EL Zitronensaft

200 g Sahne

100 g Crème fraîche

Für das Rehragout:

1 kg Rehfleisch aus der Schulter

50 g Butter

Salz

1 EL Weinessig

1 TL scharfer Senf

schwarzer Pfeffer aus der Mühle

1 EL eingemachte Preiselbeeren

1 Schuss Madeira

100 g eiskalte Butter

Den Fond am Vortag zubereiten. Hierfür die Knochen und Abschnitte klein hacken und kalt abspülen. Sorgfältig trockentupfen. Den Backofen auf 220 °C vorheizen. Karotten, Sellerie und Zwiebeln schälen und grob würfeln. Das Öl in einem feuerfesten Bräter erhitzen und die Knochen sowie Abschnitte darin anrösten. Dann in den Ofen geben und etwa 30 Min. garen. Das Gemüse zufügen, den Wein angießen und diesen 10 Min einkochen lassen. Das Ganze in einen Topf umfüllen und so viel Wasser angießen, bis Knochen und Gemüse davon bedeckt sind. Aufkochen lassen und den Schaum abschöpfen. Nach etwa 30 Min. die Kräuter und die Gewürze zufügen. Gute 2 Std. bei mittlerer Hitze kochen lassen, dabei zwischendrin abschäumen. Den Fond durch ein feines Sieb abseihen. Erkalten lassen und dann entfetten.

Für das Apfelgratin die Äpfel schälen, vierteln, vom Kerngehäuse befreien und in 3 mm dünne Scheiben hobeln. Den Backofen auf 160 °C vorheizen. Eine Form mit Butter ausstreichen und die Apfelscheiben dachziegelartig dicht an dicht einschichten. Mit dem Zitronensaft beträufeln. Sahne und Crème fraîche verrühren und darübergießen. Das Apfelgratin im Ofen in etwa 20 Min. goldbraun backen.

Inzwischen das Rehfleisch in 3 cm große Würfel schneiden. Die Butter in einer großen Pfanne mittelstark erhitzen. Die Fleischwürfel darin in 4 bis 5 Min. rundum knusprig braten. Herausnehmen, leicht salzen und warm stellen.

500 ml entfetteten Fond in die Pfanne gießen. Aufkochen und weiter reduzieren lassen. Weinessig und Senf einrühren. Mit Salz und Pfeffer abschmecken. Preiselbeeren und Madeira untermengen. Die eiskalte Butter in Flöckchen unterarbeiten und die Sauce nicht mehr kochen lassen. Das Fleisch einlegen und zusammen mit dem Apfelgratin servieren.

Hirschtournedos
mit Preiselbeersauce

Für 4 Personen

8 Tournedos vom Hirschrücken à 150 g

8 Scheiben Frühstücksspeck

3 EL Öl

2 EL schwarze Pfefferkörner

2 EL Koriandersamen

2 EL Wacholderbeeren

1 EL getrockneter Thymian

2 getrocknete Lorbeerblätter

2 Nelken

2 Msp. gemahlener Zimt

1 TL gemahlener Kardamom

2 EL Butterschmalz

Salz

800 ml roter Portwein

1 Schuss Cassis (schwarzer Johannisbeerlikör)

200 g eingemachte Preiselbeeren

schwarzer Pfeffer aus der Mühle

4 TL eiskalte Butter

Die Hirschtournedos mit den Speckscheiben umwickeln. Den Speck mit Zahnstochern feststecken und dünn mit Öl bepinseln. Pfeffer, Koriander, Wacholder, Thymian, Lorbeer, Nelke, Zimt und Kardamom in einen Mörser geben und nicht zu fein zerstoßen. Die Tournedos in der Gewürzmischung wälzen und 1 Std. ruhen lassen.

Butterschmalz in einer schweren Pfanne erhitzen und die Tournedos scharf darin anbraten. Insgesamt etwa 5 Min. braten, dann salzen und warm stellen.

Das Fett in der Pfanne abgießen und den Bratensatz mit Portwein und Cassis ablöschen. Die Preiselbeeren zufügen und aufkochen lassen.

Die Sauce mit Salz und Pfeffer abschmecken. Die eiskalte Butter in Flöckchen unterrühren, damit die Sauce Glanz und Bindung erhält. Zusammen mit je 2 Tournedos auf vorgewärmten Tellern servieren.

Menu

Forellenmousse

Winterwurzelsuppe mit Thymian-Maronen

Hirschtournedos mit Preiselbeersauce

Hermanns Schokoladenkuchen

Weine: »Smaragd«, Grüner Veltliner 2005,
Franz Hirtzberger, Spitz, Wachau

»Chateau Lynch Bages«, Grand Cru Classé 1998
Pauillac, Frankreich

»Volentin«, Rosenmuskateller 2009, Kantina Tramin, Südtirol

Aber kein Genuss ist vorübergehend,
der Eindruck, den er hinterlässt,
ist bleibend.

Johann Wolfgang Goethe

Süsses

Hollerküacherl
(Holunderküchlein)

Für 4 Personen

150 g Mehl
1 Schuss Öl
1 Prise Salz
1 EL Speisestärke
2 Eigelb
40 g Zucker
125 ml Milch
125 ml helles Bier
2 Eiweiß, steif geschlagen
8 Dolden Holunderblüten
1 l Pflanzenfett
Puderzucker zum Bestäuben

Mehl, Öl, Salz, Speisestärke, Eigelbe, Zucker, Milch und Bier zu einem dickflüssigen Teig verrühren. Den Eischnee unterziehen und den Teig 10 Min. ruhen lassen.

In der Zwischenzeit die Hollerblüten waschen und gut abtropfen lassen. Das Pflanzenfett auf ca. 180 °C erhitzen.

Die Dolden mit den Blüten nach unten einzeln durch den Teig ziehen und im heißen Öl goldgelb ausbacken. Auf Küchenpapier abtropfen lassen und warm stellen, bis alle Blüten ausgebacken sind.

Die Hollerküacherl mit Puderzucker bestäuben und sofort servieren.

Kirschenmichl

Für 4 bis 6 Personen

Butter für die Form
750 g süße Kirschen
5 altbackene Semmeln (Brötchen)
500 ml Milch
2 Eier
3 EL weiche Butter
5 EL Zucker
1 TL abgeriebene Schale von 1 unbehandelten Zitrone
1 Msp. Backpulver
2 geh. EL Mehl
Semmelbrösel zum Bestreuen
Butterflöckchen zum Besetzen
Zucker zum Bestreuen

Den Backofen auf 180 °C vorheizen. Eine Auflaufform ausbuttern. Die Kirschen waschen und entsteinen. Beiseite stellen.

Die Semmeln in der Milch einweichen. Die Eier trennen. Eigelbe, Butter und Zucker in einer Schüssel mit einem Schneebesen schaumig schlagen. Zitronenschale, Backpulver und Mehl untermischen. Die Semmeln leicht ausdrücken und ebenfalls untermengen. Die Eiweiße in einer zweiten Schüssel mit dem Schneebesen oder einem Handmixer steif schlagen und unter den Teig heben.

Abwechselnd Kirschen und Teig in die Auflaufform schichten, bis beides aufgebraucht ist. Den Auflauf mit Semmelbröseln bestreuen und mit Butterflöcken besetzen.

Den Kirschenmichl auf der mittleren Schiene in den Ofen geben und etwa 45 Min. backen, bis er goldbraun ist. Herausnehmen, mit Zucker bestreuen und sofort servieren.

Küchenlatein: Kirschenmichl muss heiß serviert werden; abgekühlt schmeckt er nur halb so gut.

Wackelpeter

Für 4 Personen

8 Stängel frischer Waldmeister

1 l klarer Apfelsaft

12 Blatt weiße Gelatine

Den Waldmeister sanft zwischen den Händen reiben, um sein Aroma freizusetzen. In eine Schüssel geben und mit 750 ml zimmerwarmem Apfelsaft auffüllen. Das Ganze 2 Std. durchziehen lassen. Den Waldmeister danach entfernen.

Restlichen Apfelsaft erwärmen. Die Gelatine 5 Min. in Wasser einweichen. Ausdrücken und in dem warmen Apfelsaft auflösen. Die flüssige Gelatine gründlich unter den mit Waldmeister aromatisierten Apfelsaft rühren. Die Mischung in eine kalt ausgespülte Puddingform gießen und im Kühlschrank in einigen Std. oder über Nacht fest werden lassen. Anschließend stürzen.

Küchenlatein: Waldmeister wird im Mai kurz vor der Blüte gesammelt. Sie erhalten ihn bei Kräuterständen auf Wochenmärkten.

Bayrische Creme

Für 4 Personen

250 g gemischte Beeren (Himbeeren, Johannisbeeren, Brombeeren)

1 EL Vanillezucker

3 EL Kirschwasser

3 Blatt Gelatine

3 Eigelb

70 g Zucker

ausgekratztes Mark von 2 Vanilleschoten

250 g Sahne

Die Beeren putzen bzw. verlesen, waschen und trockentupfen. Mit Vanillezucker und 2 Esslöffeln Kirschwasser marinieren. Kühl stellen.

Die Gelatine in kaltem Wasser einweichen. Eigelbe, Zucker und das Mark der Vanilleschoten in eine Schüssel geben. Mit einem Schneebesen oder Handrührgerät schaumig schlagen, bis eine helle, dickschaumige Masse entsteht.

Die Gelatine ausdrücken, gemeinsam mit restlichem Kirschwasser und 1 Esslöffel Wasser in einen kleinen Topf geben und bei schwacher Hitze auflösen. Die Sahne steif schlagen. 1 bis 2 Esslöffel davon unter die Gelatine rühren. Diese Mischung vorsichtig unter die Eiercreme rühren, dann die restliche Sahne gleichmäßig unterziehen.

Die Creme in eine geeignete Form oder in 4 einzelne Schälchen füllen und in 2 bis 3 Std. im Kühlschrank fest werden lassen. Die Form oder Schälchen kurz in ein heißes Wasserbad stellen und dann auf eine Platte oder 4 Dessertteller stürzen. Mit den marinierten Beeren umkränzen und servieren.

Krapfen

Für ca. 12 Stück

- 500 g Mehl
- 30 g frische Hefe
- 250 ml lauwarme Milch
- 50 g Zucker
- 2 Eier
- 1 Prise Salz
- abgeriebene Schale von 1 unbehandelten Zitrone
- 2 l Sonnenblumenöl zum Ausbacken
- 12 EL Aprikosen- oder Johannisbeermarmelade zum Füllen
- Puderzucker zum Bestäuben

Das Mehl in eine Schüssel sieben und in die Mitte eine Mulde drücken. Die Hefe in etwas lauwarmer Milch auflösen, mit dem Zucker verrühren und die Mischung in die Mulde gießen. Den Vorteig etwa 10 Min. zugedeckt an einem warmen Ort gehen lassen.

Die restlichen Teigzutaten zugeben und das Ganze mit beiden Händen zu einem lockeren Teig verarbeiten. Den Teig zur Kugel formen und zugedeckt an einem warmen Ort gehen lassen, bis er sein Volumen verdoppelt hat.

Anschließend zu einem etwa 4 cm dicken Rechteck ausrollen. Mit einem Glas (5 cm Durchmesser) 12 Scheiben ausstechen. Die Scheiben abdecken und nochmals 15 Min. gehen lassen.

Das Öl in einer tiefen Pfanne auf 160 °C bis 170 °C erhitzen. Die Teigscheiben portionsweise mit der Oberseite nach unten hineingeben und 2 bis 3 Min. zugedeckt sieden lassen. Dann wenden und offen nochmals 3 Min. ausbacken.

Mit einem Schaumlöffel herausnehmen und auf Küchenpapier abtropfen lassen. Die Marmelade in einen Spritzbeutel mit feiner Tülle geben. In jeden Krapfen 1 bis 2 Teelöffel Marmelade füllen. Die Krapfen dick mit Puderzucker bestäuben und warm servieren.

Küchenlatein: Die Krapfen müssen schwimmend ausgebacken werden. Nehmen Sie zum Ausbacken also eine tiefe Pfanne oder einen flachen Topf, in dem das Öl 8 bis 10 cm hoch stehen kann. Am besten schmecken die Krapfen natürlich mit selbst gemachter Aprikosen- oder Johannisbeermarmelade.

Eisstollen
mit Hagebuttensauce

Für 8 Personen

Für den Eisstollen:

200 g Zucker

500 ml Milch

3 Eier

3 Eigelb

je 50 g Korinthen, Rosinen, gewürfeltes Orangeat und Zitronat sowie gehobelte Mandeln

750 g Sahne

1 TL Lebkuchengewürz

Puderzucker und Kakaopulver zum Bestäuben

Für die Hagebuttensauce:

1 kg Hagebutten

200 g Zucker

2 EL Hagebuttenkonfitüre

Für den Eisstollen den Zucker in einem Topf bei mittlerer Hitze schmelzen lassen. Unter Rühren goldbraun karamellisieren lassen. Den Topf vom Herd nehmen und den Karamell etwas abkühlen lassen. Dann die Milch zufügen und bei geringer Hitze unter Rühren so lange kochen, bis der Karamell völlig aufgelöst ist.

Eier und Eigelbe in eine Metallschüssel geben. Nach und nach die Karamellflüssigkeit untermengen. Über einem Wasserbad zu einer schaumigen Masse aufschlagen. Die Schüssel aus dem Wasserbad heben und in eine große Schüssel mit Eiswürfeln stellen. Die Schaummasse so lange schlagen, bis sie völlig abgekühlt ist.

Korinthen, Rosinen, Orangeat, Zitronat und gehobelte Mandeln in ein Sieb geben. Kalt abbrausen und gut abtropfen lassen. Die Sahne steif schlagen. Das Lebkuchengewürz zur Schaummasse geben und unterrühren. Die geschlagene Sahne unterheben. Korinthen, Rosinen, Orangeat, Zitronat und gehobelte Mandeln ebenfalls unterheben. Eventuell nochmals mit Lebkuchengewürz abschmecken.

Eine Stollen- oder Kastenform mit Alufolie auskleiden. Die Stollenmasse einfüllen, glattstreichen und die Form mit Klarsichtfolie verschließen. Den Stollen für 6 Std. in ein Gefriergerät stellen.

Etwa 1 Std. vor dem Servieren die Hagebuttensauce zubereiten. Hierfür die Hagebutten waschen, halbieren, Kerne und Fasern entfernen. Nochmals gründlich waschen. Den Zucker gemeinsam mit 250 ml Wasser zum Kochen bringen. Die Hagebutten zugeben und bei geringer Hitze zugedeckt etwa 45 Min. kochen.

Einige schöne Hagebuttenstücke für die Garnitur heraussuchen. Den Rest gemeinsam mit der Hagebuttenkonfitüre pürieren. Durch ein Sieb streichen. Eventuell mit ein paar Tropfen Zitronensaft abschmecken.

Die Form von der Klarsichtfolie befreien und den Eisstollen vorsichtig stürzen. Die Alufolie entfernen. Den Eisstollen mit Kakaopulver und Puderzucker bestäuben. In Scheiben schneiden und zusammen mit der lauwarmen Hagebuttensauce servieren.

Anitas Apfelstrudel

Ergibt 2 Strudel

Für den Teig:

250 g Mehl

1 EL Öl

1 EL Essig

1 Ei

1 Prise Salz

ca. 125 ml lauwarmes Wasser

Mehl zum Bestäuben

Öl zum Bestreichen

ca. 40 g zerlassene Butter zum Bestreichen

Für die Füllung:

1,5 kg säuerliche Äpfel (Boskoop)

100 g Zucker

100 g gehackte oder gestiftelte Mandeln

2 TL Zimtpulver

100 g Rosinen

abgeriebene Schale von 1 unbehandelten Zitrone

2–3 EL Rum von bester Qualität

Außerdem:

Butter für das Blech

Puderzucker zum Bestäuben

Das Mehl in eine Schüssel sieben und in die Mitte eine Mulde drücken. Öl, Essig, Ei, Salz und Wasser zufügen. Das Ganze mit beiden Händen so lange kneten, bis der Teig seidenglatt wird.

Den Teig zur Kugel formen, mit Öl bestreichen, zudecken und über Wasserdampf 30 Min. ruhen lassen, damit er geschmeidig wird.

In der Zwischenzeit die Äpfel schälen, halbieren, jeweils vom Kerngehäuse befreien und nicht zu feinblättrig schneiden. In einer Schüssel mit Zucker, Mandeln, Zimt, Rosinen, Zitronenschale und Rum vermengen.

Ein Nudelbrett (ist größer als ein herkömmliches Arbeitsbrett) bemehlen. Den Teig halbieren, in die Mitte legen und mit einem Nudelholz zu einem sehr dünnen Rechteck ausrollen. Mit der zweiten Teighälfte ebenso verfahren

Den Backofen auf 200 °C Umluft vorheizen. Ein Blech mit Butter bestreichen. Den ausgerollten Teig jeweils mit zerlassener Butter bestreichen. Die Füllung jeweils auf zwei Drittel des Teiges verteilen. Jeden Strudel gegen die freie Seite hin einrollen, dabei darauf achten, dass die Nahtstelle nach unten kommt. Die Strudel auf das Blech setzen.

Die Strudel 35 bis 45 Min. backen. Dabei alle 15 Min. mit zerlassener Butter bepinseln. Die Apfelstrudel herausnehmen und dick mit Puderzucker bestäuben. Nach Belieben warm oder kalt servieren.

Hermanns Schokoladenkuchen

Für 8–10 Personen

- Butter für die Form
- ½ Zwieback
- 250 g süße Mandeln
- 250 g Edelbitterschokolade von bester Qualität
- 6 Eier
- 250 g weiche Butter
- 90 g Mehl
- 190 g Zucker
- 1–2 TL Vanillezucker
- 1 großes Likörglas (2–3 cl) Cognac oder Rum von bester Qualität
- 250 g Edelbitterschokolade für die Glasur

Den Backofen auf 160 °C vorheizen. Eine Springform ausbuttern. Den Zwieback fein zerbröseln und die Form damit ausstreuen. Die Mandeln in der Küchenmaschine fein reiben. Die Edelbitterschokolade für den Teig zerbröckeln. Mit etwas Wasser in einen Topf geben und im Wasserbad langsam schmelzen lassen.

Die Eier trennen. Die Eiweiße steif schlagen. Eigelbe und Butter schaumig rühren. Das Mehl sieben. Gemeinsam mit Zucker und Vanillezucker untermengen. Die geriebenen Mandeln und die geschmolzene Schokolade unterrühren. Dann Cognac oder Rum untermischen. Zum Schluss den Eischnee rasch unterheben, dabei nicht zu lange rühren, damit die Masse nicht zusammenfällt.

Den Teig in die Form füllen, glattstreichen und etwa 1 Std. 15 Min. backen. Den Kuchen herausnehmen und auf einem Kuchengitter abkühlen lassen. Anschließend aus der Form lösen und auf ein Stück Pergamentpapier auf einem großen Teller setzen.

Die Edelbitterschokolade für die Glasur zerbröckeln, im Wasserbad schmelzen lassen und den Kuchen damit überziehen. Die Glasur im Kühlschrank fest werden lassen. Das Pergamentpapier entfernen und den Schokoladenkuchen auf einer hübschen Platte servieren.

WALDMEISTER
Frigeo
Ahoj-Braüse
BRAUSE-PULVER

Rohrnudeln

mit Rotweinfrüchten & Vanillesauce

Für 6 Personen

Für die Rotweinfrüchte:

250 ml trockener Rotwein

250 g Trockenfrüchte (Zwetschgen, Aprikosen und Rosinen)

2 cl Birnenschnaps von bester Qualität

Für die Rohrnudeln:

500 g Mehl

80 g Zucker

2 Eier

25 g Hefe (1 Würfel)

200 ml lauwarme Milch

150 g Butter

Für die Vanillesauce:

400 g Sahne

2 EL Zucker

ausgekratztes Mark von 1 Vanilleschote

4 Eigelb

Den Rotwein leicht erhitzen. Getrocknete Zwetschgen sowie Aprikosen halbieren und gemeinsam mit den Rosinen und dem Schnaps dazugeben. Das Ganze etwa 1 Std. ziehen lassen, bis die Früchte die Flüssigkeit vollständig aufgesogen haben.

Für die Rohrnudeln das Mehl in eine große Schüssel sieben. Zucker und Eier zufügen. Die Hefe in etwas lauwarmer Milch auflösen und zusammen mit der restlichen Milch zugeben. Das Ganze mindestens 5 Min. lang zu einem glatten, geschmeidigen Teig verschlagen. Mit einem sauberen Küchentuch abdecken und an einem warmen Ort 30 Min. gehen lassen.

Die Butter schmelzen und zu einer goldbraunen Nussbutter werden lassen. Den Teig nochmals gut durchkneten, in walnussgroße Stücke teilen und kleine Kugeln daraus formen. In jede Kugel ein paar Rotweinfrüchte drücken und diese mit Teig umschließen. Die Kugeln in eine entsprechend große Reine oder eine rechteckige Keramikform setzen. Die Rohrnudeln nochmals 15 Min. gehen lassen.

Den Backofen auf 180 °C vorheizen. Die Rohrnudeln mit der Nussbutter beträufeln und in etwa 25 Min. goldbraun backen.

Inzwischen für die Vanillesauce die Sahne aufkochen lassen. Zucker und Vanillemark unterrühren. Die Sahne etwa 4 Min. köcheln lassen. Dann vom Herd nehmen und die Eigelbe mit einem Schneebesen unterziehen. Die Vanillesauce durch ein Haarsieb streichen und zu den heißen Rohrnudeln servieren. Die restlichen Rotweinfrüchte dazu reichen.

Zwetschgenknödel

Für 4 Personen

- 300 g mehlig kochende Kartoffeln
- 125 g Mehl
- 4 EL weiche Butter
- Salz
- 1 Ei
- 8 Zwetschgen
- 8 Stück Würfelzucker
- 100 g Semmelbrösel
- 50 g Zucker

Die Kartoffeln in der Schale in kochendem Wasser weich garen. Abgießen, kalt abschrecken, schälen und noch heiß durch eine Presse drücken. Mit Mehl, 2 Esslöffeln Butter, 1 Prise Salz und Ei vermengen. Den Teig kurz, aber kräftig durchkneten.

Die Zwetschgen entkernen. In jede Zwetschge ein Stück Würfelzucker stecken. Den Teig zur Rolle formen und in 8 Scheiben schneiden. Jede Zwetschge mit einer Teigscheibe umhüllen. Die Zwetschge muss ganz von Teig bedeckt sein, dabei darf die Teigschicht nicht zu dick sein. Reichlich Salzwasser erhitzen und die Zwetschgenknödel darin zugedeckt in etwa 10 Min. gar ziehen lassen.

Inzwischen die restliche Butter erhitzen und die Semmelbrösel darin goldbraun rösten. Mit dem Zucker vermischen. Die Knödel mit einem Schaumlöffel herausnehmen, gut abtropfen lassen und gemeinsam mit der Semmelbröselmischung servieren.

Küchenlatein: Sehr gut schmecken die Knödel auch, wenn man sie anstelle der Semmelbrösel mit einer Mischung aus 100 g gemahlenem Mohn und 50 g Puderzucker bestreut.

HAPPY HOUR ...

… IM VORSTADTCAFÉ

und Dank' schön

Isabelle Fuchs, für die Niederschrift der Rezepte und für ihr Lektorat.
Stephan Schöll und Ilona Stallbaumer für Satz, Grafik und Layout.
Birgit Hecker für Stempel und die Bierfilzl aus dem „Mac".
Gerd Holzheimer für seine Hilfe beim „Bairischen Deutsch".

Gerhard Beer, Winston Churchill, Robert Gernhardt, J. W. Goethe, Friedrich Nietzsche, Eugen Oker, Gerhard Polt, Eugen Roth, Kurt Tucholsky und Hans Well für ihre poetischen Beiträge.

Ilse Büchler, Peter Glausch, Anita Hausladen, Ernst Ippisch, Hermann Josephs, Richard Luber, Barbara Will, Rudi Schweinböck sowie meinen Freunden am Herd, den Hobby-Köchen Murnau für ihre ganz besonderen Rezepte.

Leider habe ich den Schweinsbraten nicht erfunden und all die anderen Köstlichkeiten auch nicht. Allerdings habe ich sie mir oft schmecken lassen und danke hiermit all denen, die vor mir diese Kochrezepte probiert und aufgeschrieben haben.

Textnachweis

Robert Gernhardt: „Deutung eines allegorischen Gemäldes".
Aus: *Wörtersee,* Zweitausendeins, Frankfurt am Main, 1981

Eugen Oker: *Liebeslied*
Abdruck mit freundlicher Genehmigung von Maria Gebhardt

Gerhard Polt: *Gemütlichkeit*
erschienen in: Bibliothek, Werke in 10 Bänden und ein Begleitbuch

Eugen Roth: „Das Schnitzel"
Aus: Eugen Roth, *Sämtliche Werke.* München – Wien 1977. Bd.1/5

ImmR amal kimmts ma fÜR
i brauchat koa HosentÜR
gach wiedeR fallts mia ein
s' müaßt oane sei!

Register